風響社あじあ選書③

勁草之志

二つの国に生きる　学者の人生と学問

聶　莉莉 著／奈倉京子・美麗和子 編集

風響社

まえがき

奈倉　京子

本書は、二〇二三年三月に聶莉莉先生が定年により大学の専任職をご退職されたことを記念し編まれたものである。退職記念論集といえば、教え子たちがこれまでのご指導への感謝を込めて自分の研究の一端を論文にして持ち寄り、編纂するのが一般的だが、私は聶先生が中国で激動の時期を生き抜き、学者になるまでの半生と、日本の学術界に身を置きながら中国社会を眼差し、目の前の現実の捉え方を思索してきた道のりを前面に出す記念論集こそが、現代の若手・中堅研究者及び一般の読者に響き、後世に残す価値のある書籍となると考えた。この考えを同窓の美麗和子さんと風響社の石井雅さんにご相談してみたところ、お二人とも賛同してくださり、とりわけ石井さんは編集者の視点から、刊行の意義を認めてくださった。

しかし、この企画を聞いた聶先生は、当初、あまり乗り気ではない様子だった。先生は、ご自身の人生は特別なものではなく、一般の読者に捧げられるものはあまりないと謙虚な姿勢を示された。私的な内容を不特定多数の読者に晒すことにも抵抗がおありだったかもしれない。恐らく、先生は教え子の厚意を無駄にしては申し訳ないという遠慮のお気持ちがあり、渋々この企画をお引き受けくださったのではないかと思う。

ところが、書き下ろしていただいた第一部、第二部、そして「行間を語る」を拝読し、これらの文章を執筆する〈覚悟〉をひしひしと感じた。過去に直面した事件・事実に対する率直な感情、それらを冷静沈着に受け止め、分析する視点、そして先生特有の文体も相まって、自然と独特の世界観に引き込まれた。

本書は、四部構成からなる。第一部は、聶先生の学者人生を貫く問題意識を形成させた激動の半生の記述である。来日以前、中国の政治動乱期の経験により、現実社会を見つめ、その中から中国社会に潜む問題の本質を摑むための方法論を先生は模索し始める。それにより、普通の人びと（個人）が全体主義国家に支配されたのはなぜか、中国農村に住む農民からみた社会の基層構造及び農民の民俗風習や世界観はどのようなものか等の問題意識が醸成されてきたことが窺える。つづく第二部では、思想的影響を受けた三人の師について語られる。目の前に現れる事実をどう捉えるかということを追究しつづけた聶先生に、三人の師がそれぞれどのような啓発を与えたかが書かれている。そして、第三部は、聶先生がこれまで従事されてきた具体的な調査研究とそれに基づく著作について紹介される。聶先生が当時どのような思索をもって調査研究に従事してきたのかを「行間を語る」でふり返る。

本書の読者層には、フィールドワークを手法として現代中国を調査研究する研究者は言うまでもなく、近現代中国史を研究する歴史学者、東アジア地域研究者、そして日本で研究者を志す留学生や異文化理解に関心があり、留学してみたいと考えている読者の方々も想定している。本書は、人類学を学ぶ若手・中堅の研究者の思考に啓発を与えるだけでなく、一般の日本の読者一人ひとりの生の営みの何かしらの部分に響くものであると思う。それは、聶先生が常に、〈取るに足らない普通の人〉の生活をつぶさに記述し、彼／彼女たちの小さな声に寄り添ってこられたからである。

本書の特徴を私なりに紹介したい。

第一に、本書は「自分のなかに歴史をよむ」ものである。唯一無二のライフストーリーとそれを基盤に醸成された中国社会に対する問題意識、そこからくる学者としての使命と責任。聶先生の著作は、どれも先生ご自身が〈私でなければできなかった〉ものである。阿部謹也は『自分のなかに歴史をよむ』（筑摩書房、二〇〇七年）の中で、学問とは自覚的に生きることであり、そのためには自分のなかを深く掘ってゆく作業が必要であるということを綴っている。研究者には対象を客観化することが求められる一方で、阿部は、対象を理解するには相手のなかに自分と同じものを見出さないと本当にわかったことにならないと言う。聶先生の著作はそのことを如実に示している。

第二に、理論や先行研究に溺れず、調査地の現場で〈事実〉に向き合う人類学の方法論が論じられている。とりわけ第二部「わが師」は、古典的な人類学的方法論の教科書として読むことができる。ここ数年、コロナ感染拡大のため、人類学を志す院生を含む研究者のなかには、現地調査ができず、理論研究に重きを置いたり、以前のフィールドデータを理論に当て嵌めて再考しようとしたりする人もいる。このような仕事を否定するつもりはないが、フィールドで本質的な問題を発見し、一次データを少しずつ抽象化し、理論的昇華をさせるという地道な手法に立ち返ることは、コロナ収束後の今だからこそ、改めて学ぶ意義があると考える。

第三に、本書には、聶先生が日本という異文化社会で学術的な訓練と生活経験を経て、祖国中国を対象化していくプロセスが記述されている。そのなかで、学者としての倫理道徳の正しさは何か、真正の学問とは何か、ということが追求されている。聶先生の、学者としての社会に対する使命感、義務感に触れると、昨今の「業績主義」を反省せずにはいられない。

第四に、本書は人間理解とは何かという人類学の命題を常に問うている。先生は常に「草の根の視点」を大切にされてきた。先生の著述には、整序立てられた冷静な論の奥に、普通の人びとの熱い生き様が垣間見える。先生は、日頃から他者を尊重することを説いてきた。ここでの他者は、近代主義的な、自立した〈あなた〉と〈私〉を二分した上で〈あなた〉の意思を尊重するというような他者でなく、「あなたの中に私がいる、わたしの中にあなたがいる」というような、異文化に生きる者同士の共通性、普遍性を見出し、理解、共感しあえる〈他者〉も内包している。

以上のように、本書に綴られたこれまでの聶先生の人生史と研究史は、聶先生の研究者としてのコアな部分を形成し、個の強さ、孤独を恐れない精神を培ってこられたのだと思う。長いものに巻かれず、妥協せず、いつもご自分の課題を追究することを中心に据えてこられた先生が、今もとても眩しい。

本書が一〇〇年後も読まれることを願ってやまない。

● 目次

●勁草之志——二つの国に生きる　学者の人生と学問

第一部　激動の時代を生き抜く——学者への道のり

文革の終息後、革命委員会のメンバーと（前列右端）
（1976 年）

はじめに

中国で生まれ育った私は、一九八六年に来日し、博士課程から日本で学び、著述の大半は日本語で書いてきた。定年退職を機に、指導学生だった奈倉京子、美麗和子両氏の提案により、各時期に執筆した拙稿を精選し、論集を編み、読者に捧げることにした。

研究者となって以来、研究の内容は私の問題意識と関連するものが多い。その問題意識には、私自身の経歴や、育った社会の環境、身を置く時代などが大きく投影している。自著を整理しながら、研究者としての道のりを回顧し、激動の時代に生きてきた自身の姿や、時代に問いかけようとした自分の学問の真価を自問し、また、私という学者や私が少しずつ築いた学問に投影された時代、中国と日本の社会文化や学術環境の差異などについても思索してきた。自著と共にこれらの回顧や思索も読者に捧げたい。

さて、過去を顧みれば、私の道のりにはおよそ四つの柱が貫いていたと言える。

第一に、文革期の体験である。これこそ、私が研究に従事するようになった原点であり、問題意識や学問に取り組む姿勢に大きな影響を与えたものである。

第二に、三つの専門領域、即ち哲学、社会学、人類学との出会いである。この出会いにより、専門知識や学問の概念を学習し、人文社会科学的な研究方法論の訓練を受けた。一方、教わった既成のものに対し、私なりに抵抗し批判的に吸収したり、「另辟蹊径」（別の道を切り開く）、即ち独自の道を模索したりする試みもした。その行動の背後には、若い時の原体験があった。

第三に、日中両国の師や、友、研究仲間、読者との出会いである。様々な出会いは、研究者の道を歩む私にとって重要な意味をもち、道を案内され、啓発や激励を与えられ、切磋琢磨ができて、協力と助けをいただいた。

第四に、調査地の人々や、地域共同体、注目する歴史的現場との出会いである。所在地域、身分、職業、信仰、民族などが異なる人たちとふれあい、彼らの話に耳を傾け、社会の現実を見つめることは、自分自身のもっている問題意識を追究するにあたって不可欠なことであり、思考の源泉であり、学問の内容である。

以下の文章及び各著作・論文に付した「行間を語る」においては、これら四つの柱をめぐって述べる。

一、文革期の体験

1. 小中学生時代

一九六六年の夏、文革（文化大革命）が開始した時、私は小学校五年生であり、三人兄妹の兄は中学校三年生、姉は中学校一年生であった。

中学時代（1970年）

中学校以上の学校では、文革の先鋒隊である学生の組織――「紅衛兵」が結成され、「造反」の行動に走り、政府や学校の責任者（「当権派」）や、「資本主義の道に歩もうとする」共産党幹部（「走資派」）を打倒し、社会に残存する「封建主義、資本主義、修正主義」と言われる勢力（「封資修」）を一掃するために過激な行動に走った。小学校では、紅衛兵は成立しなかったものの、六年生のリードのもとで小学生でも造反した。私たちは、近くの北京大学、清華大学へ壁新聞や批判大会の見学に行ったり、授業が中止された学校で校長や教員たちの「封資修」の思想や教育内容を批判する壁新聞を書いたりすることに明け暮れた。学校の教室や廊下に壁新聞を一面に貼り付けて、もともと人気がある、敬愛された教員にも突然敵のように対応し、校庭で除草などの肉体労働を命じた。五〇代の女性校長に対する行動が最も乱暴で、はっきりと覚えているのは、ある日、私が憧れていた六年生のある女子生徒が、みんなの前で校長の髪を半分剃って半分残す「陰陽頭」にした場面である。厳しさで有名だった校長は、その時、威厳もすっかりなくなり、身じろぎもせず座り込んだまま無表情に辱《はずかし》めに耐えていた。

まもなく、国務院のある部門で働いていた父は、走資派打倒に反対し、歴史反革命の嫌疑があるなどの罪名で職場の批判大会で批判の対象とされ、造反派組織に監禁されて家に戻れなくなった。

その間に、わが家にいろいろな変動が生じた。

ずっと一緒に暮らしていた母方の祖母は、「地主」というレッテルが貼られて、北京に居続けることができないと宣告された。祖母は、瀋陽の親戚に引き取られたが、私たち家族をずっと心配し偲んでいたあまり、身体を壊し、数ヶ月後に亡くなった。

一九六八年一二月、毛沢東の「知識青年は農村へ行き、貧下中農（革命的下層農民）の再教育を受けることが必要である」という指示により、都市部の学生が農村へ赴くというキャンペーン（「上山下郷」）が開始された。最初、兄は黒竜江の農場に、その後、姉は陝西省延安地域の農村に赴いた。姉が出発する日に、父は「造反派」の同僚に付き添われてバス停に来たが、姉と言葉を交わすことも、乗車を見送ることも許されずに、姉を一目見ただけで連れ帰られた。ちなみに、文革の一〇年間、下放された知識青年は合計一六〇〇万人にも上ったと言われる。

もともと身体の弱い母は、持病の肺気腫がひどくなり、病床に臥すようになり、時々喀血した。母の身体を案じ、季節の変わり目になると、私が父に着替えや日用品を届けに行かなければならなかった。衣類や布団、茶葉までが厳しく検査され、父の同僚である監視当直者が茶葉に指を入れかき混ぜながら中身をチェックする行動に、私は深い屈辱感を覚え、家路を辿る間は耐えたが、母の顔を見ると涙が溢れ出た。

一九六九年の初めに、父は強制的に山東省の農村にある政府機関の農場に下放され、しばらくして身体が少し回復した母も同じ農場に行かされた。この時期、政府機関や大学は争って各地の農村で「五七幹校」と呼ばれる農場を開設した。その先駆けは黒竜江省であった。一九六八年一〇月、黒竜江省革命委員会が「幹部学校」と呼ばれる農場を設立した「経験」が人民日報に報道され、その冒頭に、「下放労働は、幹部にとって極めて良い鍛錬の機会だ」という毛沢東の「最新の最高指示」が伝達された。黒竜江省は毛の「五・七指示」の二周年記念として幹部学校を開設したのである。「五・七指示」とは、一九六六年五月七日、毛沢東が林彪への手紙に書いた指示で、「全国を解放軍のように革命化した大学校にしよう。労働者、農民、学生、商業やサービス業の従業員、政府機関の幹部などは、軍事や政治を学び、資産階級に対する批判を展開すべきだ」という主旨のものである。

両親が北京から去った後、一五歳になったばかりの私は一人ぼっちとなり、心細く、家族が恋しかった。幸いなことに、周囲には同じような境遇の幼なじみたちがいて、互いに支え合うことができた。梱包した荷物でいっぱいの友人宅で、二人で作った韮を具にした乾麺スープの味はずっと忘れられなかった。普段なら韮を乾麺スープに入れることはないが、私たちは手元にあるわずかな食材を使用し何でもありの調理法でお腹を満たしたのである。

中学校への進学は、文革の混乱により半年ほど延期になった。二年半ほど中学校に在籍したが、教科書を一冊も配布されず、急性肝炎を患って数ヶ月休んだこともあり、授業らしい授業を受けたことがない。中学校生活の記憶は、「学工」として労働者に学ぶために工場に住み込み、生産ラインで働いたこと、「学農」として農民に学ぶために北京郊外の村落に住み込み、畑で働いたこと、そして「戦壕掘り」としてソビエトとの戦争に備えて学校構内でレンガを焼いて防空壕を修築したことが、主要な内容である。私たちは、これらの活動を「革命的接班人」（革命の後継者）になるための鍛錬として受けとめ、一生懸命りっぱにやり遂げようとした。天秤棒で麦わらを混ぜた重い泥やレンガを担ぐ際、毛沢東語録を大声で唱えたり歌ったりし、体力の限界を超えようとする自分や仲間を励ました。よく唱えられ歌われた毛沢東語録は、「下定決心、不怕犠牲、排除万難、去争取勝利」（固く決意し、犠牲を恐れず、万難を排除し、勝利を勝ちとる）であった。

一方、勉強や知識に対して、とても飢えていた。『毛主席語録』『毛沢東選集』などの必読書や、中国の革命闘争を描いた小説や詩歌などの文学作品以外にも、父の本棚から、私の読解力でも読めそうな書物をいろいろと選んで読んだ。『西遊記』『水滸伝』『紅楼夢』『聊斎志異』などの古典小説や、『ソ連共産党（ボリシェビキ）歴史小教程』、「九評」と呼ばれる中国共産党のソ連を批判する論文集『国際共産主義運動の総路線についての論戦』、マルクス主義理論家艾思奇の『弁証唯物主義歴史唯物主義』などの共産党幹部の学習教材を、理解できないことが多かったとは言え、一応目を通した。読もうとしなかったのは、歴史書である。『史記』『三国志』など「二十四史」の歴史書も本棚に並んでいたが、それらを手に取ることはなかった。小学校五年の学歴で、歴史も、文言文（古語）も教わることのなかった私にとって、歴史は難解で未知の領域であった。基礎教育が大いに欠けていたこと、歴史に関する教養が浅いことは、研究者になってからも、私の痛恨事であり、もっと教養を高める努力をしなければと、ずっと自分自身を戒めてきた。

中学三年になると、解放軍からの徴兵や、国営工場の労働者募集が始まり、選抜された同級生が相次いで学校から去って行った。残されたのは、私のような「出身の悪い」者ばかりで、焦りを感じた。両親への手紙に、「同級生は一人また一人と革命工作に参加することになったが、私一人が残り、これからどうしたらよいか」と綴り、両親にたいへん心配をかけた。

やっと採用してくれたのは、北京大学の附属工場の「電子儀器工場」であり、「出身が悪い」私を「可教子女」（反動的家庭の出身であるが、教育すれば革命の陣営に入れられる者）として受け入れてくれた。中学校の工宣隊（紅衛兵運動で混乱を極めた学校を管理するために派遣された労働者チーム）が私を「歌も踊りも絵も上手な学生だ」と推薦したことが採用の決め手になったと、後に工場の人事担当者から聞いた。一五歳で労働者となり、その後、八年間工場で働いた。

2.「電子儀器工場」

一九六八年の夏、文革の最中、造反派組織の派閥闘争の過激化や武力衝突を抑えるために、毛沢東は北京大学へ「工人・解放軍毛沢東思想宣伝隊」（通称「工宣隊」「軍宣隊」）を派遣した。つづけて翌年の春、中共中央所在地の中南海を守衛する中央警備団八三四一部隊の将校を「軍宣隊」として北京大学と清華大学に派遣した。中央警備団の政委（政治委員）・楊徳中、副政委・王連龍は、それぞれ北京大学「党委」（共産党委員会）書記と副書記、「革委会」（革命委員会）の主任と副主任に任命された。制度的には、党委が指導権や決定権をもち、革委会が行政や教育の業務を管理した。革委会の成員に毛沢東の「機要員」（書類係）謝敬宜もいた。「軍代表」と呼ばれる進駐した軍人は、各系（学部）の党総支（共産党総支部）と革委会の責任者となり、政治運動や行政を取り仕切った。

以後、「両校」と併せて呼ばれた清華大学と北京大学は、「中共中央文化革命小組」（通称「中央文革小組」）直轄の全国の「様板単位」（政治的模範）となり、様々な政治キャンペーンや、「教育革命」と称した教育改革を率先して行った。

電子儀器工場は、一九六九年末、北京大学によって教育革命の一環として開設されたのであるが、実際、単純な工場ではなく、生産、科学研究、教学など三つの部門がある「三結合の教育基地」であり、「新型教育」の実験モデルとして位置づけられた。大型計算機を開発・製造しながら、計算機、ソフトウェア、半導体など三つの専攻が設置されて大学の専門教育を行った。目標は、計算機製造で稼いだ資金で大学の教育を支える、いわゆる「自力更生型の大学」をつくることであった。工場の責任者である党総支書記は、もちろん軍代表であったが、党総支の成員に北京市内の国営工場から派遣されてきた工宣隊の成員もいた。

一九七九年に解散されるまでの一〇年間、工場は、中国における最初の、一秒に一〇〇万回計算する大型計算機（コンピューター）「150機」を四台、一秒に一〇万回計算する中型計算機「6912機」を一二台製造した。

工場の組織構成は、文革時代に普遍的に見られるような軍隊式編成で、名称までも解放軍になぞらえられていた。工場は、営（大隊）、下位部門は順次に連（中隊）、排（小隊）、班（分隊）と名付けられた。

千数百人ほどの構成員は、主として次の三つのグループに分けられ、それぞれ三分の一ほどの人数であった。

①「知識分子」。北京大学無線電信系、物理系、数力学系から選抜した教員と卒業生（通称「老大学生」）による教職員と、計算機の利用を予定していた国務院地質部、石油部などの国家機関から派遣されてきた「協力者」により構成され、計算機本体の設計や、製造技術の指導と管理、「工農兵学員」に対する専門教育などを担当した。

②「工農兵学員」。文革の開始後、大学の学生募集や入学試験は中止されたが、一九七〇年より、労働者、農民、兵士から、大学で学ぶ「学員」の選抜が両校からスタートした。選抜の条件に何よりも重要視されたのは「出身と政治表現が良い」、即ち「家庭出身」が革命陣営に区分された階級に所属し、本人が共産党や毛沢東に忠誠を示し政治運動に積極的に取り組んでいることであった。工場に入学した学員は、教室で勉強するほか、「生産実践」、即ち計算機製造の生産ラインで働くことが必修科目であった。

③工員である「青年工人」（通称「青工」）と復員軍人。青工は私のような中学生で、復員軍人は八三四一部隊の退役者であり、半導体チップやプリント配線板などの部品の生産や、本体の組み立てに従事した。

以上の人員のほかに、インフラの維持と補修や、生活をサポートする食堂や保健室などの部門の労働者、医療従事者などもいた。

工場は、北京郊外の昌平県内の西山山脈の麓にあり、市区から四〇キロも離れているので、構成員は構内の宿舎で寝泊まりし、週末に工場の用意した貸し切りバスで市内の家に帰るのであった。宿舎は、家族連れでなければ、複数人部屋で、青工は四人部屋であった。

管理体制は半軍隊式で、特に最初の数年間、朝はスピーカーから流れるトランペット号令で起床し、すぐにグラウンドに集合し隊列行進の操練をした。年寄りの教員も例外なく参加しなければならなかった。夕食後、班単位で「政治学習」と呼ばれる学習会を一時間半ほどしてから、夜一一時半まで残業をする。

学習の内容は、その時期に展開された政治キャンペーンに関連する毛沢東の最新指示や、「中央文件」(共産党中央の通知や指示)のほかに、『毛沢東選集』、マルクスとエンゲルスの『共産党宣言』、マルクスの『ゴータ綱領批判』、エンゲルスの『反デューリング論』などの著作であった。マルクスとエンゲルスの著書は、文章が難解であるだけではなく、読むのに世界史や共産主義運動史の知識が必要であるので、それをもっていなかった私たちにとってほぼ理解不能な書物であった。それでも、逐語的に学習しなければならなかった。

3. 工場で体験した政治運動

文革時代、政治キャンペーンの「手本」である北京大学の工場で過ごした私は、次から次へと展開された政治キャンペーンを体験した。後述するように不本意に与えられた職務とも関係するが、これらの体験は私に深い印象を残した。以下、文革中の政治キャンペーンについて、だいぶ後になって分かった関連背景や全体像も含めて簡単に紹介する。

作業服を着た著者（1972年）

一九七〇年六月～一九七一年、「一打三反運動」

（二つの打撃、三つの反対）

就職した早々、私たちは「一打三反運動」に参加した。それは、文革や、毛沢東、当時の紅衛兵が主張した血統論などに反対する「反革命分子」を検挙し、汚職、窃盗、浪費などの行為を摘発する群衆運動であった。「中央文件」を学習する以外の時間には、頻繁に開かれた、「過去（民国期）に反動組織に参加し、反革命行為をした者」に対する闘争会に参加した。例えば、「三青団」（国民党が指導する青年組織である三民主義青年団）の加入歴がある食堂の炊事員や左官に「罪深い個人史」を告白させる批判会があった。いまも脳裏に焼き付いているのは、激昂した群衆の詰問に対し、彼らがますます返答に窮した際、ある女子青工が立ち上がって炊事員の頬をビンタした場面である。その行動は、制止されなかったばかりか、喝采さえ得られた。ちなみにこの運動において、全国で、一八四万人が「反革命分子」として検挙され、二八万五〇〇〇人が逮捕され、およそ九〇〇〇人が処刑されたと言われる。

一九七一年一〇月～一九七三年、「批林運動」

一九七一年九月一三日、「副統帥」である林彪がモンゴルで墜落死するという「林彪事件」が起こった。その後、毛沢東を謀殺することを企み、失敗後「修正主義国家」ソビエトへ逃げようとした「反逆者」林彪を批判するキャンペーンが、全国範囲で展開された。私たちは学習会を開き、林彪らの「罪悪行為」を紹介する「中央文件」や、毛沢東から江青に宛てた事件関連の手紙などの学習資料を学び、林彪一派に対する「口誅筆伐」即ち批判会や壁新聞での厳しい批判などをおこなった。

林彪事件が公表される直前、職場の情報通のある老大学生は、壁に貼り付けた林彪の画像を指しながら「この人はもう副統帥ではなく、国賊だ」と、事件のことを教えてくれた。私は驚愕し、偉大な領袖毛主席の後継者なのに、なぜ突然このような結末をむかえたのか、林彪の変身ぶりに大きなショックを受けた。一方、内面には、現実に対するそれまでなかったような疑問が、ぼんやりではあるが静かに芽生え始めた。

一九七四年一月～年末、「批林批孔運動」（林彪と孔子を批判するキャンペーン）

一九七四年一月二五日、江青ら四人組が主催する「林彪と孔子を批判するキャンペーン動員大会」が北京工人体育館という大きなスタジアムで開かれ、周恩来も参加した。工場では、全員参加の会議でその動員大会の実況放送を聞いた。

この政治キャンペーンは、林彪・孔子批判という名目をつけたが、実際は、非難の矛先を周恩来に向けたものであった。林彪事件の後、毛沢東の許可により、一九七三年に鄧小平が再び党中央指導者の一員となり、副総理に任命された。その後、周恩来は、鄧小平と共に文革で停滞した国内経済の再建に取り組んだが、その脱文革の行動が、毛沢東に危機感を覚えさせた。毛沢東の賛同を得たうえで、江青、王洪文、張春橋、姚文元ら中央文革小組のメンバー（「四人幇」四人組と呼ばれた）が、「林彪の思想基盤が儒家思想だ」と決めつけて孔子を批判対象にしたが、実質的には、現実主義的に国務を取り仕切る周恩来を当てこすり、周を儒家の典型として攻撃したのである。

私たちの政治学習会では、孔子を批判する以外に、経済の発展を重視することを、毛沢東が提唱した「プロレタリア独裁下の継続革命論」に背く「反動的な逆流」、「資本主義路線」として批判した。

この時期の学習資料には、「北京大学、清華大学大批判組」が執筆した批判文章が多かった。「梁効」（「両校」と字音が同じ）という名で知られていたこの執筆グループは、一九七三年一〇月、江青が、毛沢東の「イデオロギー領域の闘争を展開し、歴史を学び、孔子と儒家思想を批判する」という主旨の指示に従い、二つの大学から人文社会科学領域の学者を選抜し創ったのであり、責任者は、両校の軍宣隊の総責任者である遅群と謝敬宜であった。毛沢東や江青から頻繁に直接指示を受けたり意を汲んだりした二人は、時々の政治闘争に必要な檄文を「梁効」の成員に命じて作成させた。しばしば毛沢東の最新の「最高指示」や、中央文革小組の「意見」を伝達し政治運動の方向性を示す「梁効」の文章は、『人民日報』『紅旗』『北京日報』など主要な新聞や雑誌に掲載された後、地方新聞に転載され、そのうち多くが中共中央に「学習資料」として指定された。

一方、その頃、世間では、繰り返し行われる政治キャンペーンに飽き始め、空虚な政治スローガンを厭う気運が徐々に広がっていた。また、攻撃された周恩来や鄧小平に同情し、四人組を嫌い、敵視さえするような傾向が一部のインテリや、共産党幹部、特に文革の初期から打倒されてきた幹部の間に見られるようになってきた。上層部の政治闘争に関する内部情報や噂、進行中の政治キャンペーンや政治宣伝を諷刺したり批判したりするような「不同政見」(異なる政治見解)がこっそりと伝わっていた。

一九七三年、両親は山東省の農場から北京に戻ってきた。父はまだ名誉を回復されず、仕事も与えられていなかったが、自由な身となった。週末、実家に帰ると、わが家に訪ねてきた父と同じ境遇の人たちの議論を聞く機会が多く、硬直化、形骸化した政治キャンペーンの裏にある複雑な政治事情を少しずつ知るようになり、それにつれて内面では、ますます江青ら四人組の手法に同調できず、周や鄧に大いに共感を寄せることになった。

一九七四年五月~年末まで「修正主義教育路線の逆戻りを批判する運動」

一九七三年、鄧小平の働きかけにより、工農兵学員の推薦制に選別の参考として学力試験が導入された。試験問題に回答できずに白紙の答案を出した張鉄生という青年は、試験を「工農兵の教育を受ける権利を奪う」、「修正主義教育路線への逆戻り」として痛烈に批判した。四人組は、すぐさま張鉄生を「潮流に抗う英雄」として表彰し、張の発言を全国に公表した。

北京大学は、全校大会を開いて張鉄生の講演録音を放送し、工場では中継でそれを聞いた。張の話を聞いた私は彼に反感を持った。そのむやみに尊大ぶる話し方が気に入らず、試験問題を解けなかったのは単純に学力がないためなのに、大げさに革命的スローガンを使い、横車を押して自分の非に理屈づけようとする強引さ、ずる賢さに腹が立った。ただし、「時代の英雄」を不服に思っていても、公に口にすることはできなかった。

文革時代、「白専道路」（専門分野に優れるが政治思想に無関心な姿勢）が「修正主義教育路線の産物」として批判された。張鉄生の行動もその背景のもとで生じたのである。同じ頃、工場では、青工が工農兵学員の勤務態度を批判する壁新聞を食堂に貼りつけるといった出来事が起こった。計算機の組み立てラインで体験労働をした学員が、勤務時間に労働を怠って専門の教科書を読んでいたのがきっかけであった。青工は、学員が「忘本」、即ち「労働人民」から選抜された労働者という「根本的立場」を忘れており、「又紅又専」（政治思想が正しく、専門知識が優秀）ではないと批判した。

壁新聞の発起人は、生産ラインの班長であり、私の幼なじみでもあるので、彼女の意見を聞いた私も壁新聞の作成に加わった。壁新聞に書いた言葉は、当時の私たちが本気で信じるものであり、江青らの周恩来攻撃に怒りを感じていても、張鉄生を嫌っていても、それでも毛沢東を信仰し、毛の「プロレタリア革命教育路線」が正しいと思っていた。

一九七五年八月～一〇月、「水滸伝批判運動」

一九七五年八月、毛沢東はある大学教師との談話で『水滸伝』を批判した。宣伝工作を主管する姚文元は、毛の談話を『人民日報』で公表し、同日の社説では、修正主義や投降主義を宣揚する『水滸伝』に対する批判は、政治思想戦線における重要な闘争であると意義づけた。四人組は『水滸伝』批判を利用して、矛先を周恩来や鄧小平、そして相次いで重要なポストに復活した中共中央の古参幹部たちに向けたのである。

工場では、『水滸伝』を読んだことさえなかった青工や学員が多かったので、『水滸伝』学習会を開いて、そのあら筋や人物を学び、連や排の単位で批判会を開いた。

この政治キャンペーンは、私を理解不能の混乱状態に陥れた。「修正主義、投降主義」とは何か、『水滸伝』は果たして「修正主義、投降主義」を宣伝するものなのか、どうして経済を回復するための政策を「資本主義路線」と見なすのか、といろいろな疑問が生じた。また、『水滸伝』の人物や物語にかこつけて周恩来や鄧小平を当てこするという政治手法に深く不信の念を抱いた。

一九七五年一一月～一九七六年末、「文革の成果を覆す右傾的な逆流に反撃する運動」（通称「反右傾翻案」）——鄧小平批判

一九七五年、経済を回復するために様々な改善策をとった鄧小平に、毛沢東は不満を抱き、鄧小平の行動を「文革の成果を覆す右傾的な逆流」だと決めつけ、一一月、その逆流に反撃する政治キャンペーンを行うよう自ら指示した。翌年二月、当時の総理・華国鋒は、「鄧小平の修正主義路線を批判する」という談話を発表し、続いて『人民日報』が同じ趣旨の社説を掲載した後、鄧小平批判の政治キャンペーンが全国範囲で展開された。

北京大学は、鄧小平批判の全校大会を開いた。工場においても、批判会が開かれ、鄧小平批判の文章を全員に書かせ、食堂の壁が批判文の壁新聞で埋まった。

この時期に、私は内心では完全に四人組から離れて、彼らが繰り返しおこなった政治キャンペーンや、鼓吹した空虚な硬直的「継続革命論」にうんざりし、政治キャンペーンを権力闘争の手段にする政治手法に大きな反感を抱いた。彼らが攻撃した鄧小平こそ、周恩来と同じく、国家や人民に真の責任感をもつ「本物の革命家」であると信じていた私は、四人組を敵視し怒りの感情をもっていた。

4. 個人の生き方まで決められた時代における苦悩と葛藤

さて、話を少し戻そう。一九七〇年六月、北京大学の工場に採用されて、やっと就職できた時には、まずほっとした。

職場の環境や仕事の内容、何もかも知らなかったが、両親がいつも私たち兄妹に言い聞かせた、「政治を遠ざけ、堅実に生き、何かしらの技術を学べ」という言葉が心に響いて、良い労働者になろうと決意した。

抵抗できない抜擢

私は計算機本体製造連のメモリーユニット生産の職場（「磁芯板班」）に配属された。働いて数ヶ月経った頃、突然異動の辞令が来て、工場の放送センターの専属アナウンサーになるべく、所属を「政工組」（政治工作組）に変更すると命じられた。この移動令に私は本心から反発した。生産ラインや仲間から離れたくない気持ちもあったが、何よりも「政工」を嫌って避けたかった。一人で逃げ道をあれこれと考えた末、党総支宛てに手紙を書いた。正面からの抵抗が許されないことが分かっていたので、手紙には、新しい職務を受け入れるが、所属を変更せずに、これから生産労働とアナウンサーの仕事を両方とも担当し、「自分一人の肩に二つの革命的任務を同時に担っていく」と、きれいごとを書いた。本当の目的は、生産ラインに留まり、「政工」の専門職にならないことであった。

青工の間で、「実際には、党の命令に従いたくないのだ」と噂が立ったが、幸い、党総支は私の話を額面通りに受けいれ移動令を取り消してくれた。

職場に留まった私は、本体製造連の団支部（共産主義青年団支部）書記に任命され、百名ほどの青工のリーダーとなった。団支部は、生産労働、残業、学習会などを内容とする単調な生活に少しでも活気を吹き込むために、若者らしい活動をいろいろと催した。例えば、工場周辺の山々へ遠足する、工場構内の広い空き地にみんなでヒマワリを栽培し、その種を団支部主催の「新年晩会」（新年会）のつまみにする、合唱や舞踊を披露する「文芸晩会」を開く、バスケットチームを結成し他連隊と試合する、長征における紅軍戦士の英雄的物語を語る「革命故事会」を開く、等々。団支部の活動は注目され、党総支に表彰されて、工場の共産党員集会で私が登壇し活動内容を紹介した。

一九七四年春のある日、工場の本部に行けと命じられた。そこで軍代表は、私の意向を聞かずにいきなり「あなたに党総支副書記を担当させると、党総支が決定した」と宣告した。

青天の霹靂であった。どうして私にこの職務を？ ついさっきまで党総支は私にとって雲の上のような別世界で、自分がその一員となるとは夢にも思わなかった。すぐさま婉曲な言葉で断る意思を表明したが、「組織の命令だ」と退けられた。まったく個人の意志を無視した、問答無用の抜擢であった。

一九歳の私は、本気で自分の将来を憂えた。同時に、両親にどう告げればよいか、あれほど「政治を遠ざけて」と言われたのにと、たいへん苦悩した。それで、二ヶ月も週末に家に帰らなかった。そのまま、工農兵学員の「学軍」、即ち「解放軍の栄えある革命的伝統を学び、軍事訓練を受ける活動」の引率者として、河北省保定市に駐在する第三八野戦軍に一ヶ月ほど出張した。

学軍の仕事を終えて、任命から三ヶ月後、やっと両親に打ち明けた。私の報告を聞いた両親は、意外にも平静であった。党の任命に逆らうことができないから諦めたか、それとも娘を困らせたくないか、おそらく両方ともあっただろうが、「やる以上、しっかりとやりなさい」と、励ましの言葉を言ってくれた。そして、父は『マルクス選集』、母は『レーニン選集』を私に贈った。

文革の時期に、共産党や各レベルの政府機関の幹部任命では「三結合」の原則が重要視された。「三結合」とは、革命大衆・革命幹部・革命軍人の三者や、老・壮・青三つの世代など、いろいろな組み合わせがあったが、工場では、党総支と革委会の構成員に、軍代表以外、知識分子と青工がおり、私は青工の代表として選ばれたのであった。

党総支副書記となった私は、政工組長、青年団総支部書記、婦女委員会主任、民兵営副営長、さらに北京大学党委員会委員などの職務や肩書が与えられた。著名な理論物理学者・周培源、文革前の国務院教育部副部長・黄辛白、東方語文学系党総支書記、後に駐日本国中国大使館の教育参事官になった彭家声なども、党委員会のメンバーであった。

その後、様々な仕事でたいへん忙しくなったが、時間さえあればメモリーユニット職場に戻り生産労働に参加し、会議がない夜はいつも残業に加わった。自分はあくまでも一労働者だということを忘れたくなかった。

政治キャンペーンの責任者という立場の苦痛

赴任してから文革が終息するまでの数年間、内面には、常に様々な葛藤や苦悩を抱えていた。

前述した通り、政治キャンペーンに対して私は徐々に疑問や抵抗、怒りの感情を募らせていたが、一方、工場の政治キャンペーンの責任者という立場に居るので、党委員会や党総支の方針に基づいて、工場における政治キャンペーンの実施、各党支部へのそのスケジュールや任務の伝達などの仕事をしなければならなかった。毎回の政治キャンペーンにおいて、自らが率先して批判大会での発言原稿や壁新聞を書かなければならず、「資本主義」「修正主義」「孔孟之道」「投降主義」などを批判のターゲットとして羅列する際、それらのステレオタイプな概念の空虚さ、中身の不明瞭さ、少なくとも自分自身がちんぷんかんぷんであることを実感していた。責務と自分の本当の心情との矛盾に苛《さいな》まれ、その板挟みの境地にどうしようもない無力感を覚えていた。特に、文革の後期、面従腹背的に対応せざるをえなかったことがしばしばあり、極めて苦痛であった。印象深いことを少し紹介しよう。

一九七五年の末、鄧小平批判キャンペーンの際、全校の「鄧小平を批判する大会」に登壇し発言するよう大学党委員会に指名された。キャンペーンを批判的に捉えていた私は、本心からこの指名に強く抵抗したが、当時の政治環境下では、発言しないという選択肢はなかった。どうしたらよいか、人にも相談できず、途方に暮れた私は、こっそりと父に電話した。父は、まず、電話でこの種の話をするのは危ない、周囲に誰もいないかと私に確認した。それから、発言を拒否できないのを前提に、批判文はできるだけ低調に作成し、批判文に常用される罵詈雑言を使用せず、「階級敵」に使用する政治的レッテルや常套句を鄧小平に貼り付けず、なるべく淡々と論理的に述べなさい、とアドバイスしてくれた。

大会の発言原稿は「梁効」に審査されるので、開会前、原稿を取りに行った際、初めて梁効の成員に会った。修正箇所の説明を聞きながら、内心では、彼らはどうして自分の知識をこのようなことに使うのか、その著述能力があったからこそ、でたらめな政治キャンペーンが成り立ったのだと考えた。後年になって、自分が学者の道を歩む際、戒めとして心に描いた、なってはいけない学者像の首位の反面教師が梁効であった。一方、いまの私は、当時のわが身を省みて、巻き込まれたとは言え、自分自身もでたらめな政治キャンペーンに加わっていたのではないかと自責している。

激しくなった上層の党内闘争が反映されて政治キャンペーンは益々硬直化し、強圧的となった。鄧小平批判の大会で発言した一件以来、内面の葛藤や辛さに苦しみ、週末に「父輩」（父の世代の人）たちに相談したこともあり、「あなたはいま「風口浪尖」（強風荒波のただなか）に身を置いているよ。飲み込まれないようにしっかりしなさい」と、父の同僚に言い聞かせられた。

一九七六年一月、周恩来が逝去した後、大学党委員会から、追悼会や、遺影に献花するなど追悼活動をいっさいしてはいけないという通知が来た。各党支部に伝達したが、内心では、これは追悼方式の改革なのか、それとも周恩来を擁護する民衆の感情に対する赤裸々な抑圧なのか、判断に迷った。気持ちとしては、毛沢東は後者を許さないだろうと信じたかった。ともかく、通知には半旗を禁じることに言及していなかったので、政工組の一人の青工同僚と一緒に食堂の屋根に上り半旗を掲げた。

四月の清明節前後、民衆は自発的に天安門広場に集まり、周恩来を追悼し、花輪で広場が埋まった。花輪のリボンに、四人組を批判する文句が多く書かれた。市民の行動が反革命事件と定められ、政府各部門、大学、国営工場などでは、天安門に行ったことのある人を一斉に摘発し、逮捕された者も少なくなかった。その時、他機構の政工部門からの情報提供や、個人からの密告手紙が寄せられた。密告を卑劣な行為としか見ていない私は、受け取った手紙を鍵の掛かる引き出しに入れるだけで不問にした。これは、誰にも教えず、自分一人の秘密とした。私の気持ちは、ますます四人組の政治から離れていった。

青工の過労問題をめぐる軍代表との対立

過大な生産任務により、計算機製造の生産労働は過酷なものであった。

一台目の150機の開発と製造は、一九七〇年から一九七三年までの三年を要したが、一九七四年、一年で150機一台と6912機一台を生産するといった無理な生産計画を党総支が現場に押しつけてきた。

そのため、生産ラインはフル稼働し、過労で青工に病人が続出した。業績の悪い人は「思想に問題あり、思想的落後者」と見なされていたために、精神を病む人も後を絶たなかった。

青工の状況を見ていられなくなった私は、勇気と知恵をふり絞って党総支の会議で生産計画の無謀性を指摘しようと考えた。そのために、当時の「社会主義建設における工業生産の模範」大慶油田（黒竜江省）と「農業生産の模範」大寨村（山西省昔陽県）の関連報道を図書館で調べたうえで、彼らが生産高を飛躍的に高められたのは、頑張りぬく革命精神のみではなく、生産技術や生産環境を大いに改進したからだと力説し、わが工場も、まず人員増員や技術革新など生産環境を改善しながら増産計画を立てるべきだと提案した。しかし、軍代表をはじめ誰ひとりとして私の意見を聞こうとせず、反応さえもなかった。

その後、怒りが頂点に達した青工が工場本部に押しかけて抗議する騒動が起きた。その日の夕食後、全員参加の工場集会が緊急に宿舎エリアの広場で開かれ、軍代表は青工の行動を「プロレタリアの革命精神が足りず」「小ブルジョア的怠惰」と、政治的レッテルを貼り付けながら、威圧的な口調で咎め立てた。

スピーカーから流れた知らせで集会に参加した私は、目の前に生じた不条理に強い衝撃を受けた。労働者の肉体的限界を無視した党総支に非があるのに、工場の全員の前で政治的な原理原則をもって堂々と一部の青工を高圧的に叱責し、無理な生産計画に服従させようとする軍代表の姿勢は、とても受け入れがたいものであった。

このままでは、青工と党総支の対立が解消できず、青工の健康状況も益々悪くなると考えた私は、北京大学党委員会書記に面会を求め、接見してくれた軍代表・副書記の魏銀秋に、工場指導部と青工との対立状況を報告し、減産すべきだと訴えた。その後間もなく党委員会は調査チームを工場に派遣してきて、各方面に対し聞き取り調査をした。しかしその後も、状況は一向に変わらず、生産計画も青工の労働も減軽することはなかった。

青工たちは、その怒りの矛先を私にも向けて、私を「裏切り者」と見なした。党総支と異なる見解を持っていても、表では党総支の一員として異存を語ってはならぬ、という党の規律を遵守すべきだという認識を持っていた私は、青工たちに自分の意見を明言することができなかった。板挟みになった数年の間、仲間に疎まれ、孤独感を味わい、たいへん辛かった。が、一人で独自の内面世界をもつことに徐々に慣れていく自分もいた。

「知識分子」に対する態度

革命以後、共産党政権は、階級闘争理論により、知識分子をプロレタリア階級革命勢力と地主・資産階級・反革命勢力の中間に位置づけ、革命の意志が強固なものではない階層と捉えた。文革の時代に入ると、さらに彼らを文革以前の「修正主義教育路線」下で教育を受けたことよる、「白専」（専門分野に優れるが革命思想に無関心）の者と見なした。したがって、知識分子は、政治キャンペーンや教育革命などの革命闘争の実践において、しっかりと自己改造をしなければならないと決めつけられた。

工場では、計算機の開発や製造、工農兵学員の教育の面では、知識分子に依存するが、一方、政治の面において、彼らは「プロレタリア革命的思想の再教育を受けなければならない」者であった。当時、毎週、支部単位で党員が学習会などの活動を行う制度（「党日」）があった。時には、工場全体の党員が参加する思想教育の大会（「党課」）が開かれた。ある日、党課で説教した後軍代表は、知識分子の党員たちに党員会での討論問題を提起した。それは、「あなたはいかに封資修の思想を以て工農兵学員に影響を与えて毒害したか、真剣に反省しなさい」というものであった。

当時の私は、知識分子の階級性に関する宣伝文句を鵜呑みにし、深く考えることはあまりなかったが、それでも、軍代表の提起した討論問題に驚いた。これほど相手を赤裸々に否定し人格を傷つけるような言葉を使用して問題を設定し、しかもそれを本人たちに「真剣に」討論させる、人に対して最低限の配慮と尊重もないのか、と軍代表の行動に深い疑念と失望感を覚えた。

工農兵学員になりたくても

工場では、毎年青工から工農兵学員を一名推薦するという制度があり、「群衆推薦」の方式で行われた。班や排単位の集会で群衆が議論し推薦者を決め、連が各班排の意見をまとめて工場に報告する。工場は、より多くの推薦を得た被推薦者から一名を選出し「工農兵学員」として送り出す。

私は二年連続して一番多くの推薦を得たが、学習の機会を熱望した私に、党総支からは、二回とも、「仕事にあなたが必要であるので、革命の事業を優先するという立場から党組織はあなたを推薦しない」という知らせを受けた。「群衆路線」が共産党の基本方針の一つであり、群衆の意見に耳を傾けると謳う共産党であるが、この場合、党総支は「群衆」の意見を退けた。

二、文革の終息後

一九七六年一〇月、江青・張春橋・姚文元・王洪文ら「四人組」が逮捕された。それにより、文革が終結に向かった。まもなく北京大学では、校内における「四人組」の代理人を摘発し、四人組の陰謀にによる政治運動や政治活動の真相を究明するキャンペーンが開始された。この時期、軍代表の代わりに黄辛白が、北京大学の責任者となった。

1. 問責

工場では、軍代表の代わりに工宣隊の代表が責任者となった。ほぼ毎日開かれた工場の「説清楚会」(真相を究明し責任を追及する会)と呼ばれる「群衆大会」(全員参加の集会)は、各連の代表が質問し、党総支と革委会の責任者が回答するかたちで進められた。出された質問は、工場の軍代表や北京大学八三四一部隊軍宣隊の責任者らと四人組との関係や、周恩来総理が逝去した際の追悼活動に対する抑圧など、政治関連の問題以外にも、知識分子に対する差別的扱いや、過大な生産計画の設定、労農兵学員に対する過剰な生産労働参加要求など、日頃の不条理な事柄も問題として出された。

説明を求められた時、私はいままで心に押さえ込んできた自らの考えや、かねてからの党総支との意見の食い違いなどを率直に打ち明け、軍代表やほかの責任者と違う態度を示し異なる陳述をした。文革が終息し、毛沢東の「プロレタリア独裁下の継続革命路線」が間違っていたと分かったとたん、心の底から解放感が湧き出した。文革中、懐疑や不満をいろいろと持っていたとしても、この政治体制の根幹や礎となっている「毛主席の革命路線」や毛沢東思想を疑うことはできなかった。しかし、文革の結末は毛沢東の路線が間違っていたと証明した、と思えるようになると、種々の誤謬や不条理なことの根本的な理由をやっと見出したと、しみじみと感じた。その瞬間、頭が自分の肩にしっかりと戻ってきたと実感し、これから何を考えようとしても「政治的錯誤を犯す」ことにはならず、自由に発言して良いのだ、と自分に言い聞かせた。それで、軍代表の威圧や、党総支と同調しなければならないプレッシャー、党の秘密主義など何もかも、恐れずに群衆の前で私は本音を語った。

私の変化に対し、受け止め方は様々であった。軍代表及び側近たちは私を裏切り者と捉えた。ほかの人々の間では、私を日和見主義者と思う人がいる一方、私の話を信じて同情してくれる人もいた。

ある日の朝、食堂に行くと、壁一面に私を批判するスローガンが貼られているのを見た。大きな壁新聞に一枚一字で「聶莉莉は四人組が抜擢したロケット式の幹部だ」と書かれ、署名は「革命群衆」であった。夜中に貼られたので、いったい誰のしわざなのか、工場の中では疑問視された。翌日の「説清楚会」の際、壁新聞の制作者に自白させる時間が設けられた。再三催促した末、ついに軍代表側近の一人が名乗り出て自分が貼り付けたと認め、そして、群衆の追及や批判の矛先を軍代表に集中させて聶が逃れたことに腹が立った、と自らの行動を弁解した。

集会後、日頃それほど言葉を交わしたことのない王宮本という知識分子が私のそばに来て、「小聶（若い人に対し苗字の前に「小」をつけて呼ぶのが習慣である）、あなたがどういう人なのか、我々はみな分かっているよ、だいじょうぶだ」と言ってくれた。思いもよらない一言に、私は思わず涙を流した。

党総支副書記となって以来、辛いことや悔しいことがいろいろあっても、ひたすら涙を呑んで耐え、一人で考えを重ねるすえにやっと思い浮かんだ対応法で凌いできた。そんな私が、懐疑や誤解、悪意に囲われる境遇に処していた最中、人からの理解や真心のこもった励ましを受けたことで、心を打たれて、抑え込んできた涙が溢れたのである。この貴重な体験は、私に一生銘記すべき啓示を与えてくれた。それは、ステータスやうわべの状況に惑わされることなく、人の内面を理解することが真の人間理解であり、そして真の人間理解は理解される側の人にとってどれほど重要なものなのか、ということである。

この時から、私は工場を離れることを考え始めた。学歴がないとしても、大学のどこかの系（学部）の図書室職員になることができるのではないかと安易に思った。黄辛白に面会し、自分の転属願いを申し出たが、黄はその場で私の請求を退け、労働者である者が職員になることはできないと、拒否の理由を説明してくれた。

その理由に不服があった。労働者なら、なぜいままで生産ラインを離れさせて無理やり政工幹部の仕事をさせたのか、党にとって必要であれば職種の差を無視してもよいのに、必要がなければ職種の差を越えられないのか。結局、党は自らの都合でルールを規定し運用するのではないかと考えた。一方、時代が変り、過去の論理がいまは通用しないのだと知らされた。そしてこの一件は何よりも、自力で自分自身を救済するしかないのだと悟らせたのである。

2. 大学の門をたたく

一九七七年八月、鄧小平は自ら主宰した「科学と教育工作座談会」において大学入試を再開することを提案し決断した。そのニュースをラジオで聞いた私は、大学の入学試験を受けようと考えた。

受験勉強は主として出勤前の朝か、夜にした。小学校五年から高校三年までのテキストを探し求めて、学習の教材とした。試験科目は、政治・国語・数学・歴史・地理の五科目で、外国語の試験もあるが、その成績は総点に入れず参考点とされた。文系の科目は独学できるものの、数学は難しかった。教科書をいくら読んでも分からないところは幸い周囲の老大学生が教えてくれて、計算問題もチェックしてくれた。外国語は英語、ロシア語、日本語、フランス語、ドイツ語、スペイン語の六ケ国語から選択することになっており、少し前からラジオの日本語講座を聴き始めていたので、日本語を受験科目として選んだ。

一二月、第一回目の大学入学統一試験に参加した。合格ラインに達した受験生には成績表が送付されるが、私は受けとることなく受験は惨敗した。学力が低いという現実に直面して大きな挫折感を味わったが、受験放棄という選択肢は私にはなかった。時代の列車が目の前を通過していよいよ遠くへ行こうとするところで、ついていかないと置き去りにされるという緊迫感に圧倒されて、落ち込む余裕はなかった。すぐに再受験の準備に取り組み、出勤時以外、学習に没頭した。翌年の夏、再び試験を受けた。その結果、自分も周囲も驚いたほどの良い成績を得て、中国人民大学哲学系に合格した。

文革後、一〇年間も大学入試がストップしたことが考慮されて、大学入試の年齢制限は三五歳まで延ばされて、幅広い年齢層の志願者が殺到した。一九七七年一二月、一回目の入試を五七〇万人が受験し、うち合格者は二七万人、合格率はわずか四・八％であった。翌年の夏二回目の入試では六一〇万人が受験し、同じ合格率で選別されて二九万人が合格したが、その後、受験者の強い要求により拡大募集が行われ、一一万人が追加合格した。工場では、青工三五〇名のうち七〇名ほどが受験し、二名のみが合格した。

哲学系を志望したのは、哲学は人に知恵を授け、聡明にさせる学問だと聞いたからである。この時の私は、自らの内面の空白に焦りが募り、危機感を抱き、知恵と知識を切望していた。いままで、学校の教育や、イデオロギーの宣伝、社会環境の影響、及び家庭のしつけなどから植えつけられたのは、「個人は革命事業における一本のネジ」、「全心全意で人民に奉仕する勤務員」といったような個人像、及び「大公無私」（公平無私）、集団主義、規律遵守、同志間の団結友愛などを内容とする革命的道徳観であった。革命の政治体制における個々人は、「革命隊伍」の一員として革命事業のために革命的道徳観の徳目を以て己を律し、上の命令や指示を無条件に執行するのが義務であった。ところが、いまやこの政治体制は大きく揺らぎ、崩れて、転換しようとしていた。新しい時代には、個人は過去のように全体の付属品でも道具でもなく、独立した個体として自らの判断や選択で行動することができるのだと期待されるのだと思った。新しい時代に適応するために、知識、視野、思考力が不可欠なのに、わが身を省みて自分は何ひとつ備えておらず、「存身立命の一技之長」（生きていくための何かの技能）もなく、極めて不完全な個人だと痛切に感じた。原因を追究すれば、私という個人の落ち度より、むしろ、いままで革命思想やイデオロギーの範囲以外の知識や、個人の独自の思考や判断が許されなかったためだと考えた。では、なぜ個人の思考が許されなかったか、なぜ党に服従することばかり強調されたのか、個人と全体との関係とは何か、個人の権利と価値とは何か、また、毛沢東のプロレタリア独裁下の継続革命路線はいったいどこが間違っていたのか、知識分子の知識が重要なのになぜ彼らの政治的地位が低いのか、等々、これまで抱いてきた様々な疑問が頭に浮かんできた。一方、疑問を抱えていてもどれ一つうまく答えられないことに落胆し、無力な自分をただただ悔やんだ。

こうした悔しさをバネに、新たな決意をした。これからは、過去の教訓を活かし、独立した個人になり、自らの思考の権利をいかなる者にも渡さない、いかなる者にも盲従しない、自分の思考と判断で取捨選択し物事の価値を決める、と自分自身に誓った。そのために、まず知識を獲得し思考力を養成するのだ、と大学生活の目標を定めた。

三、三つの専門領域との出会い

1. 哲学を学ぶ

一九七八年一〇月、中国人民大学（略称人大）に入学した。大学の前身は一九三七年に共産党根拠地延安で創立された陝北公学であり、後に華北連合大学、北方大学、華北大学などの共産党系の幹部養成学校の再編成の段階を経て、一九五〇年、新中国の建国後最初の新設大学として成立した。

共産党幹部学校の伝統があるために、人大の哲学教育は、ソビエトで体系化されたマルクス主義哲学――弁証唯物論と歴史唯物論を中心とする内容であった。「欧州哲学史」「中国哲学史」「論理学」「西洋倫理学史」「美学」などの科目もあったが、それらの大半もマルクス主義哲学や革命思想のフィルタを通して構築されたもので、唯物論と唯心論、唯物史観と唯心史観との二元対立の視点や弁証法的解釈が貫徹していた。いずれの授業も、概念の紹介や演繹、推理が中心であり、物質と精神、主観と客観、現象と本質、形式と内容、質的変化と量的変化など、世界に関する形而上的思考における概念や、論理的思考の基礎を教わった一方、現実の世界や社会とは程遠く、自らが求めていた学問ではなかった、とつくづくと考えた。

「国際共産主義運動史」「中国共産党史」「政治経済学」などの人文社会科学の授業は、マルクス主義の社会発展段階論や階級闘争論、人民民主独裁論、党内の「路線闘争論」などを用いて、共産主義運動や共産党史、近現代史を解釈するものであった。授業を受けて、革命運動の進行過程やその論理がだいぶ分かったが、リアルな歴史や歴史の全体像には近づいていないと感じた。

大学に入学して何よりも満足できなかったのは、哲学系で学んだものは、文革以来脳裏に抱いてきた多くの疑問を解き明かすうえであまり助けにならなかったことである。

それでも諦められず、卒業論文は、倫理学の授業で少し触れた個人と社会との関係という問題にちなんで、テーマを「社会における個人の価値を論じる」と決めた。論文は、個人の価値を重視しない社会は健全な社会にはなれない、社会は巨大な機械ではなく、個人はその部品でもない、そうではなく、少なくとも社会は有機体的な存在となり、個人はその中で完全な意味での生命体になるべきだ、という趣旨をめぐって論じた。学識が浅く、思考も熟していなかったため、浅薄な議論にとどまった卒業論文であったが、抱いてきた疑問に、初めて自ら答えようと試みたのである。

2. 社会学を学ぶ

一九七九年、政府の許可により、一九五二年に「資本主義の学問」として廃止された社会学が二七年ぶりに復活した。社会学は社会の現実に密接に関連する学問だと聞いた私は、社会学を学びたいと考えた。大学院生の募集が近々開始されると知った際、迷わずに大学院入試に挑むと決めた。さっそく入試科目に含まれた高等数学や社会統計学を独学し始め、時には経済系や社会統計系の関連授業を傍聴した。

一九八二年、大学卒業後、北京大学大学院社会学系に進学した。教授陣の中堅は、民国期に有名だった社会学者や民族学者らと、彼らの学生たちで構成されていた。前者は雷潔瓊、費孝通、林耀華、楊堃

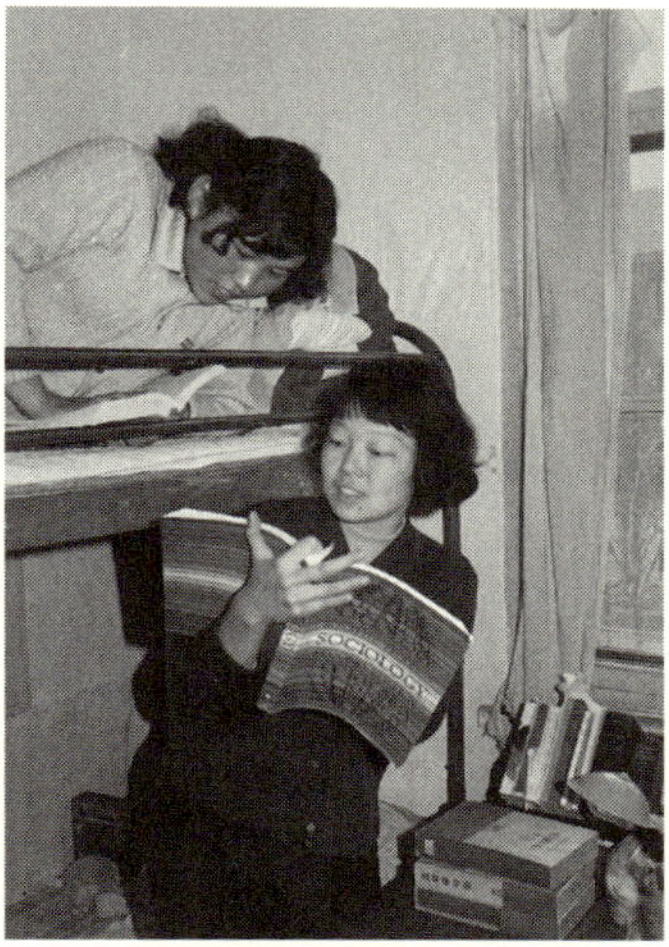
北京大学学生宿舎で（右、1984年）

など、後者は袁方、韓明漠などである。回復したばかりの社会学は、研究の蓄積が少なく、教材もほとんどなかった。

「社会学概論」「人口学」などの授業は、社会変動や、社会階層、社会の仕組みに関する理論、欧米の社会学、データの処理や量的研究の方法などを解説し、「社会研究の方法と調査」は、実地考察や聞き取り調査の方法を紹介するものであった。外国から招いた学者による授業もあり、「社会心理学」「家族社会学」などの科目はアメリカ人の教員が担当した。国際交流の活動は活発に行われ、アメリカの社会学者訪問団や、日本の日中社会学会訪中団が訪れ、そのつど学術講演会や学生との座談会などが開かれた。

社会の現実に接して社会調査の能力を高めるために、自らの企画で自主的に何度か実地調査を実施した。最初は北京郊外の香山の麓にある苗族村落で村民の北京への移住史を調査した。その後、冬休みを利用して広東省の新会、中山、東莞などの県で農業技術の普及について短期調査を行った。県から人民公社の生産大隊（村落）まで各レベルの農業技術の行政部門の活動状況を考察し、作成した報告書は共産党中央の機関誌『紅旗』に掲載された。ほかには、北京市内の工場で青年労働者の婚姻状況の調査や、北京大学を定年退職した教授の生活状況に関する訪問調査などを行った。

修士論文の内容は、当時の中国農村で急速に広がった郷鎮（町村）企業に関する研究であった。他の地域に先駆けて郷鎮企業を興した江蘇省南部へ赴き、一九八四年九月から沙洲、楊中、無錫などの県に三ヶ月ほど滞在し、座談会や個人インタビューの方式で県や郷鎮政府幹部六〇名に対する聞き取り調査をし、一一の郷鎮で二五の企業に対してより詳細な考察を行った。現地調査を通して、企業の発展と技術更新の「秘訣」を明らかにした。郷鎮企業は、一九六〇年代中期、人民公社のトラクターセンターやレンガ工場からスタートし、文革中、国営工場が生産を停止したため、その穴埋めに、国民生活に必要な紡績繊維や、家具、電灯、建築材などの製品を生産することとなった。文革後、さらに一歩前進し、工作機械や、医療器具、計器、化学繊維など、より高度な技術を必要とする製品を生産する工場も多く現れた。これほど速いスピードで進化するためには工業技術が不可欠であり、それはどこから入手したのか、この問題を重点課題とし、工場長四〇名に対するインタビューやアンケートによって探究した。調査の結果、郷鎮企業の技術はほとんど上海や無錫の国営企業の技術者や大学の教授に伝授してもらったことが分かった。企業は都会に近いという地の利を生かし、都会の技術者と学者を技術顧問として招聘し、週末に迎えて技術及び経営について指導してもらっていた。現地調査の成果を踏まえて、修論は「工業技術の都市から農村への伝播と郷鎮企業の発展」をテーマにして作成した。

一九七〇年代末期と一九八〇年代の前期の中国は、改革の機運が高まり、生気に満ちていた。「十年動乱」の文革が終わり、政治思想の束縛から解放された人民は、新しい時代に期待感を抱いていた。この間に、中国の政治に一連の出来事が生じた。

一九七八年五月から「真理の基準問題の大討論」が始まった。文革後、毛沢東の後継者である華国鋒は、「二つのすべて」（毛主席が下した決定であればすべて断固として守り、毛主席の指示であればすべて変わることなく従う）を政治運営の方針にしていたが、国家指導者に復帰した鄧小平はそれに異議を唱えた。鄧の支持のもとで五月中旬、「実践は真理を検証する唯一の基準だ」という文章が中央党校（共産党中央委員会に直属し、党の高級幹部を養成する学校）の内部刊行物『理論動態』や『光明日報』に掲載された後、新華社が全国に向けて転載したために、党内と民衆の間で反響を呼び、全国レベルの「大討論」がスタートした。

同年一二月、中共第一一期中央委員会第三回全体会議が開かれ、文革の清算と改革開放路線を定めるとともに、長年継続してきた「階級闘争を以って綱要と為す」という階級闘争原理を放棄する、「二つのすべて」を否定する、思想を解放し事実に基づいて真理を求める方針を確定する、経済改革を行い世界各国との経済協力を進める、など一連の重大な決定が下された。

一九八二年九月、中共は集団指導体制を確立するために党主席制を廃止し、総書記制を導入すると同時に、胡耀邦が総書記に、趙紫陽が国務院総理に就任した。中国は本格的に経済改革・対外開放に取り組み始め、農村では人民公社が解体され、農地経営の農家請負制が実施された。都市改革については、深圳などの沿海都市に経済特区が設置され、市場経済が導入され、国営企業の改革が始まった。社会も大きく変化し、思想、文学、芸術などの領域において様々な躍動が現れ、例えば、「傷痕文学」（悪夢のような文革時代の苦難を写実的に告発する作品）、「西単民主墻」（政治批判などを論じた壁新聞が貼られた北京市西単大通りにある壁）など、中国社会は大きな転換期を迎えた。

人民大学には積極的に農村改革に関わろうとする同窓生がおり、彼らは北京大学など他大学の学生や若手研究者と共に「中国農村発展問題研究組」（略称発展組）を成立させ、自発的に各地の農村に赴き、人民公社制度を打破して農家の請負制などの土地経営制を自主的に開始した農民の実践を調査し、詳細な報告書と政策提言を党中央に呈した。彼らの行動が共産党内の知識分子や政策研究部門の幹部に認められ、提案の多くは農村改革に関する国家政策の参考となり、直接採用されるものも少なくなかった。実は私の広東省での農村調査も、同窓生の紹介で発展組を通して国務院の紹介状を取得することによって現地に入り、その報告書も彼らの推薦により『紅旗』に掲載されたのである。

修士課程在学中、現地調査を通して私は、様々な職業や階層の人々ならびに新鮮な社会の事実と接することができて、社会に対する認識がより具体的、現実的となった。同時に、複雑な社会現象や、人間模様、重層的な歴史に圧倒されて、自らの知識や視野、研究方法論の限界を痛感した。また、再建されたばかりの中国の社会学は学問的蓄積が少なく、社会を研究する方法論や切口が単調で、研究の範囲は政策提言の域を超えておらず、こうした社会学を学んでも社会や歴史に対する認識を深めることは難しいと考えた。

ゼミ指導の中根先生（1986 年）

3. 文化人類学を学ぶ

修士課程修了後、中国社会科学院社会学研究所に就職した。しばらくして費孝通先生の推薦により、当時東京大学教授で文化人類学者の中根千枝先生が私を研究生として受け入れてくださることとなり、日本政府の国費留学生として東大へ留学することが決まった。もっと幅広く、深く学問を研鑽したいという願望がやっと実現することになり、心より嬉しかった。

一九八六年一月の末、人生で初めて飛行機に乗り、日本に来た。二月の末、文化人類学研究室博士課程の入学試験に合格し、四月に入学した。指導教官は中根千枝先生であった。

履修科目は「演習」のみで、主として民族誌の読解であった。担当教員が提示した文献リストから履修生がそれぞれ読みたいものを選び、精読したうえで一人ずつクラスで報告し、みんなが様々な角度から質問し共に議論した。このような「ゼミ」と呼ばれる授業の形式は、私にとって初めての体験で、たいへん新鮮であった。

ゼミを通して、異なる視点や研究手法による様々な地域に関する民族誌を学習することができた。インドのカースト制度（中根千枝先生）、東南アジアの民間信仰と風俗（大林太良先生）、メキシコや日本の農民社会（伊藤亜人先生）、構造主義と象徴人類学（船曳建夫先生）などに関する研究著述に触れることができ、目の前の世界がいっぺんに広がったような気がした。最初、中国研究と無関係な文献を苦労して読むことに多少抵抗感を持ったが、それはしだいに解消していった。それより、現実社会の事実にしっかりと根差した文化人類学の研究手法に魅せられ、もっと学びたいという気持ちが強くなった。

民族誌を読むにつれて、文化人類学の研究手法による文化認識の力、事実に対する洞察力や連想力を感じとることができた。例えば、インドのカースト制に関する考察は、階層・職業・慣習など様々な要素が複雑に絡み合っているカースト制を、リアルかつ緻密に提示したばかりでなく、この制度はインドの神々崇拝や、神に近い者ほど「浄」である信仰心を土台としていることを視野に収めることで、社会制度と宗教、行動と意識との関連性を示していた。また、『死の人類学』（内堀基光・山下晋司著）におけるインドネシアのボルネオ、スラウェシ社会における死の儀礼に関する叙述は、長い時間をかけてあまたの儀式を行う全過程を丁寧に記述しながら、儀礼と、民衆の霊魂観やあの世の観念、社会集団のあり様との内的関連性を明らかにするものであった。

民族誌を通して、研究対象としての「現実社会の事実」に対する人類学の捉え方を徐々に理解した。「社会の事実」とは、目の前にいる人々の活動やもろもろの社会現象が第一義的に含まれる一方で、それにとどまらず、人類学者が長期滞在のフィールドワークを通して読み取った、人間活動や社会現象の背後にある、当該文化に特有の意識的、社会構造的論理や歴史的文脈も含まれているのである。

また、人類学的研究の目指す目標をだんだんと把握していった。民族誌は個別の文化・社会を調査対象とするが、学問としての人類学が目指しているもう一つの大きな目標は、個々の文化に含有している、人間たるものの共通項や人類社会の普遍的問題を導き出し、それらをめぐって文化間の相互比較を行うことである。さらに、考古学、生物学、哲学、思想史、言語学など他領域からも叡智を借用して検討し、これによって人間に対する認識を深めることである。

このようなゼミに参加していろいろと収穫があったが、実際、文化人類学の基礎知識をほぼ持っていなかった私にとって、博士課程のゼミは実にハードルが高かった。指定された文献の大部分は英文のもので、日本語で報告を行い、みんなと討論することだけでも、私にとって難儀であった。言語力の問題はさておいても、人類学の学説史や理論に関する知識不足という弱点があるために、民族誌の真義の理解につねに困難をきたした。文化人類学を学ぶ以上、基礎から補習しなければならないと考え、ゼミの傍ら、文化人類学の歴史や古典名著を学び始めた。

数多い古典の中で、特にイギリスの社会人類学者マリノフスキーがトロブリアンド諸島での調査に基づいて書いた『西太平洋の遠洋航海者』からは深い感銘を受けて、「序論　この研究の主題・方法・範囲」を何度も読んだ。原住民のど真ん中に入り込んで、「簡単に手を触れられるような近さ」にありながら「ひどく捉えにくい生きた人間の行動と記憶」を研究対象とするといった真摯な態度、「いろいろな事実の具体的なデータを広範囲にわたって集める……手の届く範囲にある可能なかぎりたくさんの事例を調べ上げる」、そして「すべての文化現象に関し、見当違いな解釈を排して、法則と規則性を確立する」という厳密な学問的操作、「人々の間の強い敵意や友情、共感や嫌悪、個人的な虚栄と野心」、彼らの「観念、感情、動機」など「実生活の不可量部分」や「心的態度を見通す努力」と知恵、また、研究の目的について、「我々は人間を研究しなければならない。人間の最も本質的な関心、言い換えれば、人間をつかんでいるものを研究しなければならない」と明言されている、ヒューマニズム的な立場などに共鳴し、激励を受けた。そして、これこそ、翌年に予定していた私の現地調査の指南書だと感じた。

博士課程二年目からは、欧米の文化人類学者による中国研究の著述を読み始め、特にイギリスの社会人類学者・フリードマンから得た啓発が大きかった。フリードマンの研究は、宗族に焦点を置きながら、宗族を社会の「複雑な連帯の網の目に依存する」ものとして捉え、宗族の背景を成す中国の社会・文化・歴史の様々な側面や制度、例えば政治的な権力と政府、地方行政の組織、経済的基盤と支配力、市場、科挙制度、祖先観、風水信仰なども視野に入れて考察している。フリードマンによって、宗族の特性がより明らかにされたのみでなく、中国社会の内的構造や仕組みもだいぶ明瞭となった。親族集団である宗族という個別の社会的ファクターと社会全体、民衆の社会生活と政治組織や権力、村落と地域社会、可視的な生活の現実と不可視な民間信仰や宗教心の世界との関連性などが提示され、社会に対する立体的な認識が提示された。フリードマンからの啓発を受けて、実証的かつ立体的に中国社会を認識することは、その後の博士論文執筆に向けての目標となった。

以上のように、大学から博士過程まで三つの大学で三つの専門領域を学んできたが、学問の特徴から見ると、抽象的思惟や論理的分析を行う学問から、現実の社会や文化を実証的に研究する学問へと移行するような学業の進路であったと言える。小学校五年までの基礎教育しか受けられなかった私は、いずれの学問からも大いに栄養を吸収させてもらった。哲学を学ぶことで鍛えられた抽象的論理的な思考能力、社会学から学んだ社会的事実に対する分類やマクロ的に把握する研究方法、そして最終的にたどりついた人類学の「ひどく捉えにくい、生きた」人間社会に関する民族誌的研究と思考は、私にとって、いずれも、現実や知への探索に資する大切なものとなっている。

第二部　学問への道——師を語る

左から鶴見和子、費孝通、周尓鎏先生らと著者（1986 年）

はじめに

「求学」（学業に励む）の道において、中国と日本の大学院で費孝通（一九一〇～二〇〇五）、中根千枝（一九二六～二〇二一）、伊藤亜人（一九四三～）の三人の先生に出会い、指導教授を担当していただいた。それぞれ学問の大家である先生方からは、多くのことを学ばせていただき、専門知識はもちろん、フィールドワークをベースにした実証的研究を重視する堅実さや、独自の切口で社会や文化を理解し解釈するパイオニア精神、物事のしくみまで見通す透徹した識見、国際・学際的な広い視野、国内外の学術交流のコミュニケーション力、そして分かりやすく簡潔明快な文風などからも、大いなる啓発と薫陶を受けてきた。

費孝通先生は、中国革命以前の民国期に成長し、若くしてイギリスに留学し、二〇世紀における代表的な社会人類学者マリノフスキー（ポーランド出身、ロンドンスクール・オブ・エコノミクス教授）の指導のもとで、中国農民の生活に関する博士論文を作成し、中国人学者の手による最初の英語の民族誌をイギリスで出版した（Peasant Life in China, 1939）。帰国後、『生育制度』（一九四七年）、『郷土中国』（一九四八年）、

『郷土重建』（一九四八年）、『皇権と紳権』（共編著、一九四八年）などの本を出版し、民国期の代表的な知識人の一人となった。中国革命が勝利した後、共産党政権の下で、知識人が自分たちの本来の思想や学問を批判したり封をしたりすることを余儀なくされた環境の中で、費孝通先生も自らの思想的軌跡を大きく修正した。それでも、政権への苦言により、一九五七年に右派とされ、その後、文化大革命を挟んで二十数年の間、学術研究を中断された。文革後、費先生は再び学術研究を再開し、社会学研究の先頭に立ち、すでに老齢に入ったにもかかわらず、意欲的に各地域を駆け回って考察を行い、多くの著述を世に出した。政治の領域においても顕著な存在となり、民主同盟中央委員会主席、全国人民協商会議副主席、全国人民代表大会副委員長などの要職を与えられた。

中根千枝先生は、東京で生まれたが子供の頃北京に住んでいた。女性初の東京大学教授である。日本における社会人類学の草分けとして、インドへの留学や現地調査などを通して実証的な研究方法論を確立した。日本人のムラ意識や、年功序列、「親分・子分」や「先輩・後輩」の関係性、「場」を重視するなど、日本社会における「タテ社会」の構造を分析した『タテ社会の人間関係』（講談社、一九六七年）は、ベストセラーになり、外国でも十数ヶ国で出版され、日本社会文化論の代表的な書物となっている。『未開の顔・文明の顔』（中央公論社、一九五九年）、『家族の構造──社会人類学的分析』（東京大学出版会、一九七〇年）、『社会構造の比較──アジアを中心として』（旺文社、一九八一年）、『社会人類学──アジア諸社会の考察』（東京大学出版会、一九八七年）などの本を出版した。

伊藤亜人先生は、日本民俗や漂泊漁民への関心から東アジア社会の人類学的研究へと領域を広げ、一九七一年から韓国研究を始めた。韓国の地方社会における村落生活を数十年持続した集約的な参与調査や短期考察により、その社会組織や、民俗宗教、儒教の影響、歴史観、教育、物質文化、都市化などの容態を明らかにした。戦後、日本人として初めて韓国で本格的なフィールドワークをおこなった、文化人類学における韓国研究の先駆者である。研究のかたわら、韓国の社会と文化を日本へ紹介し続けてきた。また、韓国における脱北者に対する緻密な聞き取り調査を通して、北朝鮮社会における民衆の生活実態を分析した。著述には、『もっと知りたい韓国』（共編著、弘文堂、一九八五年）、『現代の社会人類学』全3巻（共編著、東京大学出版会、一九八七年）、『韓国』（河出書房新社、一九九六年）、『文化人類学で読む日本の民俗社会』（有斐閣、二〇〇七年）、『珍島――韓国農村社会の民族誌』（弘文堂、二〇一三年）、『北朝鮮人民の生活――脱北者の手記から読み解く実相』（弘文堂、二〇一七年）、『日本社会の周縁性』（青灯社、二〇一九年）などがある。

自らの研究者人生を振り返ってみると、費孝通先生が最初の先導者であると言うならば、中根千枝先生と伊藤亜人先生は道案内人であると言える。我が師の学問について文を書いたことがあるが、ここでは、感謝の気持ちを込めながら、思い出に残る師の往事や、そこから学んだもの、考えたことなどについて記したい。

一、費孝通先生

1.

一九八二年九月、北京大学大学院社会学系に入学後、新入生向けの科目説明会において初めて費孝通先生に会った。学生向けの挨拶で、「僕はもう七二歳、年齢を貨幣に換算すれば、手元に残ったのは僅か一〇元ほどで、これからその多くを社会学の人材の育成に使いたい」とユーモラスに話されたことが印象深かった。

費先生は「社会学の方法と調査」を担当し、授業では主としてとり組んでいた郷鎮企業や、西南や西北などの少数民族地域での経済発展に関する考察など、当時進行中の研究を紹介してくださった。生き生きとした農村社会の現状を聞かせてもらい、私はたいへん興味をもったが、「物語（事例）を語るばかりで、講義の内容が体系的ではない」と、不満を漏らす学生もいた。確かに計画を立てて順序を追って話を進めるような授業ではなく、理論や方法論よりも社会事実の紹介が多かった。しかし、その「物語」の語りは実にユニークで、いろいろな地域の現状を述べた後、つねに話が一転して、目の前の事実から読みとったものの裏に潜んでいる問題点をずばりと指摘されていた。例えば、家の倉庫に当年収穫した穀物が満ちていることを満足気に話してくれた寧夏の農民の話をした後、食糧の自給自足が可能となった後、農業発展の課題とは何か、あるいは、豊作の祝いに一晩中爆竹を鳴らして九〇〇元も使ってしまった雲南の村の話をした後、今後農民の余剰資金はどこに投資し、どのように農村の社会建設に利用したらよいか、と農業や農村の現在と未来に関わる問題を提示された。

私は毎回、事実に対する費先生の着眼点に感心し、物事の捉え方や問題に対する認識に啓発を受けていた。社会現象とその背後にある社会や経済の発展問題、一村落の現象と農業全体の課題、事実と考察者の解釈、それぞれの間はどのように繋がっていたのか、あるいは、事実に対する把握は、個別事例を知るだけでなく、一つ一つの事象を包含する全体像をつねに念頭に置きながら進めなければならないと、自分なりに「感悟」(吟味して気づくこと)し、その方法論に魅せられた。

費先生が有名な学者であることを私たち学生はみな知っていたが、どのような研究をしたか、何を著したかは知らなかった。費先生のみではなく、雷潔瓊、林耀華、楊堃などの先生方にしても同様、民国期における業績をほぼ何も知らなかった。その状況は、ある日から一変した。同級生の一人が大学図書館の閉架書庫から一九四八年に刊行された費先生の『郷土中国』(上海観察社)を発見して借り出したのだ。その後、たちまち学生の間で回覧され、一種の衝撃をもたらした。『郷土中国』は、私たちの、筒に入れられたような狭い視野や、幼少期から叩き込まれた教条主義的な「条条框框」(原理原則)に依拠する思考から見れば、学問の対象になるとは全く思えなかった社会生活の様々な側面が丁寧な筆致で如実に描かれた「異様」な書物であった。その活発で躍動感に溢れながらも落ち着いて理路整然とした分析からは、語られている日常生活やありふれた経験的事実の新鮮さや平易さ、そして現象の裏に潜んでいる構造を提示する深さや鋭さが伝わってきた。

例えば、社会関係についていうと、私たちが熟知していた階級関係の視点ではなく、血縁や地縁、同業などの縁で社会生活に根付いている複雑な人間関係の「網」を描いていた。そこからは、経済的な利害関係による単純な対立や抗争という構図ではなく、階級を超えた文化的ファクターが社会生活全般に与える影響が見られた。また、革命言説のような、個人を捨象する社会的全体像ではなく、個人を組み入れた社会像、個々人の「己」から水紋のように広がっていく「差序格局」と名付けられた人間関係の「親疎遠近」（親しい、疎い、遠い、近い）の関係図が提示されていた。そして、民族性について、毛沢東が述べた「中華民族は勤勉で勇敢な民族」といった一面的な褒め称えではなく、利己主義や、土地に束縛されている「郷土性」、公徳や普遍性に欠けているといった特殊主義などを忌避することなく、冷静に分析し、社会生活を省察するうえでの透徹した議論が繰り広げられていた。いずれの論述も、私たちにとって目から鱗が落ちるようなものであった。

いまになって考えてみれば、『郷土中国』との出会いは、私にとって、共産党のイデオロギー以外の視点からの、中国人学者によって書かれた社会認識に関する学術書と接する最初の経験だった。『郷土中国』の中国社会論は、今まで知らず知らずに植えつけられた既成観念を打破し、自己の意識を覆っていた目に見えぬ枷《かせ》を外していく契機となり、助力となった。

2.

修士二年の後期、修論の研究テーマを届け出る際、私は迷わず郷鎮企業を研究対象として選んだ。前年の広東省での農業技術関連の調査経験を生かしたいという思いもあり、農村企業の技術力を研究課題にした。

実地調査は、前に述べた通り、一九八四年九月から一二月までの三ヶ月間、江蘇省南部の沙洲、無錫、楊中などの諸県で行った。現地調査の最中、一〇月の下旬に費先生が数名の研究者を引き連れて蘇南地域に視察に来られた。随行する沈関宝（当時博士課程在学）から「費先生に報告に来なさい」との電話を受けて、一行が滞在していた鎮江市に駆け付けた。彼らの最初の視察地である楊中県へ移動する道中、私は揺れる車の中で、今まで把握した郷鎮企業の現状や、発展のプロセス、技術獲得のルートなどについて、費先生に報告した。すると調査の所見が費先生に評価され、今回の我々の視察活動に加わりなさいと指示された。

費先生一行の視察活動は、同年六月より実施してきた江蘇省視察の継続であり、楊中のほかに、泰州、泰興、南京近郊の各県を視察するという計画だった。費先生は随行者と共に楊中に一週間ほど滞在した後、予定通りに他の視察地に移動した。沈関宝、李漢林（一九八三年にビーレフェルト大学で社会学博士号を取得し帰国）と私の三名が楊中に残り、六月以来の調査データを整理し報告書にまとめた。

前年の一九八三年九月、江蘇省政府が開いた「小城鎮研究討論会」において、費先生は「小城鎮 大問題」という題目で報告し、今後の中国の都市化工業化において農村の小城鎮を発展させることは極めて重要で、急速な都市化による人口の大都会への集中を回避する方法であり、中国の現代化が成功できるか否かに関わる「大問題」だと指摘した。報告時の小冊子は、偶然にも中共中央総書記胡耀邦の目にとまり、称賛された。そして胡耀邦は、自らの読後感を推薦文として添付したうえ、党内の幹部に配付させた。

費先生は、その後も江蘇省での視察を精力的に行い、その見聞を「小城鎮 再探索」「小城鎮 蘇北初探」の二篇にまとめた。我々が託された今度の報告書は、既刊の三篇の続篇として位置付けられることから、三人で相談して題目を「小城鎮 新開拓」にした。内容は、発展レベルを計るうえで江蘇省内の地域差を考慮した社会経済指標の設定や、同省中部地域における農村工業発展の現状、郷鎮企業の進化、技術と市場情報、蘇北と蘇南の比較など多岐にわたった。私は郷鎮企業の発展と技術の部分を担当した。

報告書を書き終えた後、三人は南京へ赴き、視察を終えた費先生が滞在していた蒋介石夫妻の別荘だった美齢宮に直行した。私たちが提出した報告書を読んだ後、費先生は「とても良い文章だ」と評価し、筆を執って文末に「最後に、本文の整理に協力してくれた沈関宝、李漢林、聶莉莉に感謝する」と一文を付け加えた。こうして任務を順調に終えた我々三人は胸を撫でおろした。

3.

ちなみに、小城鎮をめぐる四篇は、一九八五年六月に『小城鎮四記』という書名で新華出版社から出版され、胡耀邦の推薦文は巻頭言に飾られ、中共中央農村政策研究室・国務院農村発展研究センター主任杜潤生が序文を書いた。この一件からも、胡耀邦・趙紫陽の時代、共産党と知識分子との関係はわりと良好で、党の指導者は知識人の見解や意見を自ら進んで聞き入れたことが分かる。なお、小城鎮に関する四篇は、その後、関連する論文と合わせて、一九八六年に『小城鎮 新開拓』（江蘇人民出版社）として刊行された。

二〇〇四年胡耀邦逝去一〇周年の際、費先生は追悼文を書き、胡耀邦に対する感謝の心情を表した。この文は、晩年の費先生の内面を理解するのに役立つと思うので、以下、要点を箇条書きにして整理したい（原文は『費孝通全集』第一七巻に収録）。

・文革後、自分の名誉が回復できたのは胡耀邦同志によるもので、胡耀邦同志の「力挽狂瀾」（荒れ狂う波をおしとどめる）がなければ、我々のような毛主席に指名された「六教授」（反右派闘争の発端ともなったと言われる、民主同盟の会議に参加した曾昭掄、呉景超、黄薬眠、費孝通、銭偉長、陶大鏞など六名のこと）は決して暗闇から明るい世界に再び戻ることはできず、二回目の学術生命もなかった。

・胡耀邦の推薦文の内容を紹介したうえで、「胡耀邦同志は、『この小冊子は読むに値する。費先生は専門知識が豊富で、根拠に基づき論理的に語り、読者に啓発を与えるだろう。小城鎮問題は党内の同志にとって新しい課題で、私自身も知識がほぼない。無理やりに政策を決めればきっと失敗するだろう』と書いた。私は彼の誠実な態度に感動し、このような認識をもっている国家の指導者は、自らの責任を立派に果たしている手本である」と綴った。

・胡耀邦の民主同盟との交流や知識分子に対する期待を回顧した。「一九八〇年代初期のある日、胡耀邦同志が突然民主同盟を訪れて、我々と話したいので来たと言った。胡耀邦は、民主同盟の知識分子は、第一に国を愛する、第二に専門知識に長けている、第三に優れた人格をもっているという特徴があり、知識分子に対し、我々と協力し中国の復興に力を発揮してほしい、と述べた」。

・文末に、「胡耀邦同志は古人が言う*『人之相交、以心換心』（人の交わり、心を以て心と換える）を実践し、共産党の統一戦線工作の真髄を理解している。私は彼を尊敬し、彼が私に二回目の学術生命をくれたことに感謝するのみでなく、身を以ていかにしたら党の朋友になれるか、自分の専門を生かして人民に奉仕することができるかを教えてくれたことにも感謝する」、と真情を吐露した。

＊「統一戦線工作」は、武装闘争、党の建設とともに中国共産党の「三大法宝」とされてきた。

胡耀邦が党総書記に就任した翌年の一九八三年から、費先生は、国家指導者に相当する要職が与えられ、政治協商会議副主席（一九八三〜八八）、全国人民代表大会常務委員会副委員長（一九八八〜九八）に任命された。これについて、国内外の学界では賛否両論があり、異議が少なくなかった。

私も長い間、理解に苦しんだが、追悼文を読んで、費先生の心の声が聞こえたような気がした。文面からは、この世代の知識人が翻弄された運命にあっても諦めることのない忍耐強さ、二〇数年にもわたる長期間の中断を経て学者生活に再び復帰した後、「怨天尤人」（天を恨み人を咎める）こともせず失った時間を取り戻そうといっそう奮闘する志、国家や社会の発展に対する責任感、相手に対して尊重の念を抱き期待された分を敬意と協力をもって返そうとする「道義的交わり」を重んじる紳士的価値観などが伝わってきた。胡耀邦の述べた三点は、確かに費先生らの世代における多くの知識分子の特徴である。彼らは優れた人格や豊かな学問的修養をもちながら、二〇世紀の中国における民族の存亡の危機、革命、内戦など極めて困難な状況を生き抜き、この世代ならではの観念と姿勢が鍛えられた。だからこそ、彼らは「忍辱負重」（屈辱に耐えて重責を持ちこたえる）ができたのであった。

費先生は、「国家指導者」になっても、その地位を「身外之物」（自分の身以外のもの）と視する態度が見られた。政府主催の大小様々な会議に列席することで新聞の報道に頻繁に名が出されることを、「出席令には背けないから、この老翁はそこらに座り居眠りするだけだ」と自嘲していた。規定により、国家指導者レベルの人物の外出は専用列車を使用するので、会議に参加する際、経費を節約するために弟子たちを専用列車に乗車させるのがしばしばで、私も一度乗ったことがある。その時も、「権力は、我々の研究活動にこのような利点を提供してくれるのであれば、悪くないな」と自らをからかった。

費先生は、一九九四年に著した「私の二回目の学術生命」にて、復帰後の学術活動をめぐって自らの動機や、志、真意を記した。以下、その要点を紹介したい（原文は『費孝通全集』第一四巻に収録）。

一九八〇年、当局が開いた私の名誉を回復する座談会において、私は、自分のポケットに一〇元しか残っていないが、この僅かの金を以て大切なものを買うつもりだと発言した。つまり七〇歳の私は、あと一〇年ほどの命が残り、この一〇年の時間を有効に利用して失った二〇年を奪い返すと誓ったのである。

一九九〇年、八〇歳となった私は、友人に「一生をかけて実現したいことは何なのか」と聞かれたが、即座に「志在富民」（志は民を豊かにすること）と答えた。学者は権力も金もないが、民を豊かにするために自らの知恵を絞り意見を出すことができる。これが私の所謂「学術」だ。

二回目の学術生命をいただいて以来、私は東西南北の各地を駆け回り、農村の社会経済の発展を追跡した。地方に出かければ、戻ると必ず文章を書き、書けば非難を恐れずに発表した。私の真意は、社会に貢献し、筆を以て時代の変動に参与することにあった。

文中に述べた通り、一九八〇年以降、費先生は多くの著書を上梓し、新著が出る度に弟子たちに贈った。数えたら私は二一冊もいただき、本の扉頁にいつも「莉莉同学」と書いてくださった。このことからも、先生は終始、自分が学者であるとの意識を保たれていることをうかがうことができた。

4.

美齢宮に一泊した翌日の朝、落葉の始まった美しい庭園を一緒に散歩した際、どういうわけか、そのきっかけをはっきりと記憶していないが、費先生は右派とされた後の往事を語ってくれた。

ある日、突然「毛主席弁公室」と名乗る電話を受け、私を国務会議に参加させたいと言ってきた。私は自分の耳を疑い、「私は費孝通です。電話のかけ先を間違ってはいないでしょうか」と確認した。「間違っていないです、毛主席は費孝通を国務会議に招待したいのです」と答えてくれた。私はまだ信じられず、「私は右派費孝通です」と念を押したが、「そうです、毛主席は右派費孝通を国務会議に招待します」と揺るぎない返事がかえってきた。

後日、国務会議に参加した。毛主席は私のそばに来て、私の右手を挙げながら「今日は、私の右派朋友の費孝通に来てもらいました。聡明な方なので彼の意見を聞きたい」と、私を在席の皆さんに紹介した。

このエピソードを聞いた私は、過激な政治運動のさなか、「敵我分明」（敵・味方をはっきり分ける）の階級闘争論が厳格に貫徹されていた状況のもとで、政治運動の主導者・階級闘争論の提唱者が自ら「敵」

とされた人間を「朋友」として扱ったのは、実に不思議だと思った。その時、この疑問について費先生に見解を求めることはしなかったが、なぜ毛沢東は費先生を国務会議に招待したのか、このことは政治的にどのような意味をもっていたのか、ずっと気になっていた。

費先生が二〇〇五年に逝去した後、同年四月二八日の『南方週末』に、朱学勤の「費孝通先生訪談録」が掲載された。その中に、費先生が毛沢東との関係に言及している部分があった。近代以降の中国政治や、エリート主義、知識分子に対する評価、費先生と他の共産党指導者との関係など様々な事柄と絡めながら、毛沢東との関係に触れたのである。長文の「費孝通先生訪談録」から、関連する部分を以下に要約したい。

・民主同盟（費先生は成員である）は一九四〇年代半ば頃、共産党に厚い信頼をもち、共に国民党と戦った。私は実地調査をする者として、書斎に閉じこもるような周りの知識分子には学問や能力に問題がある者が多いことを分かっていたので、共産党や毛沢東に期待していた。

・新中国が成立する前後、張東蓀、厳景耀、雷潔瓊らと共に共産党解放区の西柏坡への訪問や、少数民族工作などの活動をしているうちに、周恩来、鄧小平、李維漢、彭真などの共産党指導者と良い関係を築き、様々な交流をした。

・毛沢東は人間としての魅力があり、古典の詩や辞の造詣が深かった。一九五〇年代初期、毛沢東は私を中南海の自宅に招待し、食事をしながら様々な話題について話し合った。

・知識分子の問題は私が最初に提起し、研究を始めたが、それは共産党の知識分子政策にも影響を与えた。反右派闘争の直前に書いた「知識分子の早春天気」という一文は『人民日報』に掲載された。私は、知識分子はマルクス主義へ近づき、両者は合流すべきだが、漸進的合理的に行うべきだと主張した。自分の主張に自信をもっていて、共産党に聞き入れられると信じていた。自らも率先して思想改造を行い、皆をリードしたが、まさか右派とされるとは思いもよらなかった。

・右派とされた後も、毛沢東は、私を自宅に呼び、右派のレッテルを貼られたとしてもたいしたことではない、自分も何度もレッテルを貼られたことがある、と言ってくれた。

・右派費孝通の待遇について、毛沢東は、教授の身分はそのままで、給料はワンランク下げる、住宅もそのまま住まわせる（社会主義革命時代には住宅は公有財産）など、具体的な指示を下した。

・旧い文化を一掃する文化大革命は、知識分子に対する衝撃が大きく、知識体系も破壊された。我々が旧文化の「幇凶」（悪の幇助者）となり、原罪を背負う者となったのは、歴史的に決められたことなのだ。歴史はもはや我々のものではなくなった。馮友蘭も、金岳霖も、潘光旦も、季羨林も、皆は自分がもうおしまいだと思っていた。はっきりと情況が分かる人はおらず、「皆が歴史の中にいる」のであった。

「進歩的知識分子」及びその政党である民主同盟と共産党や毛沢東との関係をより具体的に紹介した費先生の語りは、リアルな現実のエピソードであるが、一方、それは、共産党の政治体制のもとでの一社会勢力としての知識分子階層の存続状態や、彼らの学問・思考・言論空間のあり様、建国以後の政治的展開の構図、ひいては一党支配の政治の特質など、政治の構造や歴史的文脈についての把握と思考に有益な啓示を与えてくれる。

共産党と国民党が激しく争った時期や、不安定な建国初期に、「進歩的知識分子」及び民主同盟は、共産党に期待し、毛沢東に好感をもち、共産党の革命に協力したり、率先して新政権と「合流」したりして、一般の知識分子に手本を示した。それでも、その後、共産党の統治に対する脅威を感じた毛沢東ら党指導者は、「反右派闘争」という大衆動員の政治運動を発動し、「進歩的知識分子」も含めて五五万人を右派と決めつけて厳重に処罰した。これにより、共産党が知識分子に与えた政治地位も一気に低くなった。

続いて、文化大革命の時期にも、知識分子はさらなる大きな打撃を被った。毛沢東の「旧文化」を一掃する呼びかけに応えて、「造反する」若者や大衆が何もかも旧文化と決めつけてむやみに破壊してしまうカオス状態において、知識分子は旧文化の継承者・伝播者と見なされ、過酷な迫害を加えられた。反右派闘争は、上からの指示で始まったので、まだ統制のとれたものであったが、文化大革命は、中学校から大学までの学生が結成した紅衛兵の「造反」からの政治運動となったため、その混乱ぶりと闘争の熾烈さは反右派闘争の比ではなかった。

「我々が原罪を背負う者となったのは、歴史的に決められたことなのだ」という費先生の言葉は、プロレタリア独裁の国家における知識分子の地位の危うさ、知識分子が直面する問題の深刻さを反映している。共産党の革命は、政権を交代させる政治革命のみではなく、思想革命、文化革命でもあり、あらゆる「封資修」の思想・文化・社会勢力を打倒することは、政権取得後の「継続革命」の目標であった。革命思想をあらゆる人民に浸透させ、世界観・人生観の「革命化」、統一化を目指す共産党の前に、自主・

自律の思想や学問をもつ――しかもその思想や学問の源流が資本主義や封建主義にあると思われる――知識分子は最大の障害となった。このように、知識分子の運命は、革命の特質により、革命の対象と連結させられた。「原罪」の一言は、知識分子の逃げられない運命に対する重いため息のようにも聞こえる。その「運命」が、「歴史的に決められた」ものであれば、歴史は「もはや我々のものではなくなった」のであり、「皆は自分がもうおしまいだ」と認めざるを得なくなったのである。

費先生の語りは、基本的に個人の経歴や、人間関係、当事者としての感想など事実を語ることにとどまっている。前述した通り、事実を踏まえてその背後の文脈を読み取り、問題を提起することが費先生の思考の特徴であるが、それらしい議論はあまりない。なぜなのか。

私は、「費孝通先生訪談録」の中で、費先生が民国期における自らの「紳士研究」を語る際の言葉に注目した。

君子や士は、中国社会から分化してきたエリートであり、理を重んじ、社会をリードする存在である。このようなリーダーシップを私は「紳権」と呼んだが、これはいろいろと考察し思索して考えついた概念である。中国文化には、「皇権」、「紳権」、「民権」の三者があった。三者がそろって初めて合理的な構造となる。私は「紳権」をめぐる研究を継続しようとしたが、許される状況ではなかった。この思想を、私は否定こそしていないが、覆い隠して自分の頭にしまい、発展させることはなかった。

「紳権」の研究は、民国期の費先生の思想における重要なテーマの一つであったが、自ら「発展させることはなかった」。なぜそうなったのか。拙著『「知識分子」の思想的転換』（風響社、二〇一五年）の終章に、費先生の答えを紹介した。端的に言うと、「一回しかない命」が危険にさらされるからである。

『郷土中国』を英語に翻訳したアメリカ人ハミルトンは、費にこう聞いた。なぜ農村研究は続けたのに、紳士研究などは中断したのかと。費は、次のように答えた。

私にはできないことです。人間の命は一回しかありません。この一回の可能性を無駄にしてはいけません。自分の経験から得た認識なのです。私の学問は基本的に正しかったが、時代より一歩先に進んだのが問題なのです。やはり安全な路線にそって前進するしかないのです。

費先生の身に生じたことは、広く言えば、一世代の知識分子の共通の体験であった。特に権力や政治構造の問題については、共産党の言説以外、その他の理性的思考や解釈が許されず、身の安全のために、放棄せざるを得なかった。ちなみにこれは、費先生ら世代の知識分子の体験にとどまらず、私の世代も、私より下の世代も、体験していることである。また、現在、政権による思想や言論の独占状態は、改善されていないどころか、ますます悪化してきている。

模索中の問題を放棄することは、独立した思考そのものを停止することをも意味する。そして、独立した思考の停止は、知識人が戦争、革命、内戦の激動期に鍛えられた冷静かつ俯瞰的な視点で状況を把握し、物事の本質や構造を見抜く能力が衰えてしまうことを意味する。さらには、権力に屈せず、大衆に迎合もせず、自己の私利も優先しないという矜恃や気骨までもが萎縮してしまうことにつながる。一世代の知識人がこうなった結果、民族や社会にとって、公共心や良心、内省的に考える頭脳が抑圧され、人々の素質向上や社会の均衡的発展に有益な助言が得られない状況が、生まれることにつながった。

興味深いのは、共産党と知識分子という階層や、知識分子の政党である民主同盟との関係と、党指導者と知識分子個人との関係とが、一致していなかったことである。共産党政権は、思想改造、反右派闘争、文化大革命など過激な政治運動を行い、知識分子階層の政治的地位を最低に貶め、民主同盟を共産党の「無害」な追従者と化した。知識分子階層やその政党を容赦なく抑えつけた一方、党指導者に認められた一部の知識分子個人に対しては、依然として「朋友」と認め、「良好」な関係を継続した。毛沢東と費先生の関係はその一例であった。

ここで、前述した疑問に戻ろう。なぜ毛沢東は右派である費孝通先生との個人的な関係を継続したのか。

中国には、唐太宗の「天下英雄入吾彀中矣」（天下の英雄がわが支配下に入ってくる）という有名な言葉がある。科挙の受験者が列を成して御史府（進士の試験場）に入るのを見た時に、太宗の李世民が満足げにこう言ったと伝えられる。天下の優秀な人材を手中に収めれば、誰が朕にかなうか、天下は安泰だ、という帝王らしい感懐である。推測ではあるが、類似する心理は毛沢東にもあったのではないか。毛沢東が費先生を国務会議に紹介した際に、その才能を褒めたのは偶然ではなかろう。費先生の話によれば、毛沢東以外の、ほかの共産党指導者たちも費先生を人材として認め、自分のところに来てほしいと積極的に誘った。建国初期、費先生は、西南局第一書記鄧小平、北京市党委員会書記彭真、中央人民政府少数民族事務委員会責任者李維漢などから、それぞれ西南地区の教育部門、北京市政府、民族事務委員会で仕事をするように誘われた。広く人材を集め革命闘争に役立たせることは、共産党の手法でもあったのだ。

ただし、こうした特別待遇は、少数の高級知識人に限られたし、集団としての知識分子の扱いは全く別であった。しかも、党指導者と知識分子個人との関係は、非常に不均衡なものであったことも付け加える必要がある。特に右派とされた後の関係はさらにそうである。片方は「生殺与奪之権」（生かすか殺すかを決める権力）を握る絶対的な存在、もう片方は、人民に属する資格さえなく、仕事（研究、教育）の権利も失った者なので、前者がいくら友好的に振舞っていても、後者は身の程を知っていたのである。

対談において、費先生は中南海にある毛沢東の自宅に招かれた時の緊張感を朱学勤にリアルに語ったが、二〇〇九年、私のインタビューに応じた際、朱学勤は「いまの中国の政治状況のもとでは、文字化できない。たいへん残念だ」と、述べた。費先生が語ったエピソードの中から差し障りのない例を一つだけ挙げるならば、毛沢東は費孝通の文章がうまいことを褒めた。そして自分も文章がうまいと述べたという。その時、費先生は心中、「これはまずい」と思ったという。絶対的な権力者である毛沢東と自分が並んでしまうことになってしまうからであった。

朱学勤の話を聞きながら私は、今も「覆い隠さざるを得ない」状況が続いているのだと、つくづくと実感した。

5.

一九三〇年代、中国における近代的な人文社会科学の発展が遅れた状況のもとで、社会学や人類学の人材を養成するために、費先生の師である呉文藻は、弟子たちをアメリカやイギリスなど欧米諸国の大学に推薦し、留学させた。一九八〇年代、回復したばかりの社会学の発展のために、費先生はかつての師と同様に、欧米の友人に弟子たちを推薦し、留学に送り出した。日本への派遣も計画したが、弟子の中に日本語を学んだことのあるのは私のみで、私が指名された。東京大学の中根千枝教授が博士課程の指導を引き受けて下さったことにより、一九八六年一月、私は来日した。

同年四月、費先生は、国際学術会議に参加するために来日した際、私の博士論文の研究テーマについて、「私は自分の故郷で実地調査して博士論文を書いたが、君も故郷でフィールドワークをしたらどうだろうか」と、アドバイスしてくださった。私は父の出身地である遼寧省北部の鉄嶺県に一度も行ったことがなかったが、適切で実行できる提案だと思い、遼寧省の農村で実地調査を実施することを考えるようになった。

当時読んでいたモーリス・フリードマンの Lineage organization in Southeastern China（Athlone Press, London, 1958. 日本語版『東南中国の宗族組織』弘文堂、一九九一年）の影響もあって、農村の宗族を研究しようと考えた。調査を実施できる村落をいろいろと探した結果、遼寧省南部の海城県を選んだ。故郷ではなかったが、費先生のアドバイスで研究の方向性が決まり、最初の一歩をスムーズに踏み出すことができた。

一九九〇年、「天安門事件」の翌年、費先生はシンポジウム「東アジア諸社会の研究」に参加するために来日された。ちょうどその頃、私は博士号を取得したばかりで、帰国するか、しばらく日本にとどまり、人類学の基礎的知識をもっと勉強した方がよいか、と迷っていたので、今後のことについて、費先生に相談した。私の話を聞いた費先生は、「しばらくは中国に戻らないでください。このようなステータス（人民代表大会常務委員会副委員長）になっても、共産党の大局は私には分からないし、先が読めない。分かっているのは、我々が行っている実証的研究は当面不可能で、許されないということだ」、と述べた。そして、「当面、日本研究をしなさい。日本の文化や社会に関する研究は、中国に必要だ」、とアドバイスしてくださった。

私にとっては、やや意外な助言であった。費先生は初めてこのように明確な言葉で、共産党の政治に対する考えを語ってくれたので、新鮮さを感じた。そして、私自身もしばらく日本にとどまろうという考えに傾いていたので、師の意見と一致して、嬉しかった。

私自身が帰国の時期を延ばしたいと考えた理由は、主として三つあった。

第一に、人類学をもっと基礎からしっかりと学びたいという思いがあった。博士課程の四年間、民族誌を多少読んだが、中国研究の専門的文献の学習や、フィールドワークの準備と実施、博士論文の作成などに時間を費やし、肝心な人類学そのものに関しては勉強不足だった。せっかく社会の認識に有用な方法論だと感じた人類学と出会ったのに、中途半端な状態で帰国すると、知識を深めるのが難しくなるのではないかと心配していた。

第二に、その二年前に費先生からいただいた回顧録を読んで、大きなショックを受け、帰国に対する考えに変化が生じた。一九八八年の夏休みに日本から北京に戻った際、費先生から『経歴、見解、反省――費孝通教授がゲストの問いに答える』(『中央盟訊・増刊』中国民主同盟中央委員会、一九八八年七月)という小冊子をいただいた。それは、ニューヨーク市立大学のバートン・パスターナック(Burton Pasternak)教授の費先生に対するインタビュー記録の中国語訳(パスターナック整理、潘乃穆訳)であった。六時間にも及ぶインタビューのなかで、費先生は困難に満ちた自らの人生を紹介し、自分自身や民族に対する省察を語っていた。費先生が自らの人生を語る文章とはじめて出会い、私は一気に読んだ。深く心を打たれたのは、反右派闘争において批判されたくだりだった。右派のレッテルが貼られた後、繰り返し群衆大会のかたちで、学生、同僚、党内(民主同盟)同志などに批判され、「あらゆる人に裏切られて、自己懐疑に陥った」というのだ。また、二〇年以上にもわたって研究活動が停止されたことについての語りも、衝撃的であった。

私は完全に敵として対処されることはなかったものの、二〇年もの年月を失った。それは、悪夢であった。知力は進歩しないまま、内面はたいへん混乱し、自信を失った。希望と目標を捨てるしかなく、未来を失った。そして、過去を回想するのも耐えられず、回顧するのもやめた。ただ生きていただけで、その時の状態は本当に最悪であった。

私は、上の世代の知識分子の運命を知って嘆きを禁じえなかった。私たち学生に一言も語らなかったあの時期の苦労とはこのようなものだったのか。こういう政治運動を経て、費先生は過去に築き上げた

『郷土中国』や、「紳権」のような社会認識を自ら封じ込めざるを得なかったのだ。上の世代の知識分子の運命を嘆くと同時に、同じ体制のもとで、自分たちの運命も翻弄されてきたのではないか。また、これからどうなるか。上の世代の悲劇が再び繰り返されることはない、という保証はどこにもないのではないか、と自分自身に問いかけた。自分が納得できるような答えが得られない限り、帰国する気持ちにはなれず、考える時間がほしいと思った。

第三に、「天安門事件」の影響がある。天安門事件の遠因は、胡耀邦の失脚や逝去に遡る。開明的な思想の持ち主で政治体制の改革にも積極的に取り組もうとした胡耀邦は、一九八七年一月に党総書記の職位を解任され、一九八九年四月に逝去した。その後、胡耀邦の死を悼む学生や市民らが天安門広場に集まり、「法治」や「民主化」を要求した。四月二六日、『人民日報』の社説は学生と市民の活動を「動乱」と決めつけ、続いて五月二〇日、北京市に戒厳令を布告し、政府は学生と市民を敵対視した。そして、六月三日の夜中から四日未明にかけて、人民解放軍の武装部隊が、丸腰の学生や市民に向かって発砲した。

この時、私は、遠く離れた日本にいたが、事態の動向から目を離すことができず、注視していた。共産党政権の政治改革に対する断固拒否の態度や、憲法に保障された権利に基づいた行動を「動乱」と決めつけることの理不尽さ、学生代表と会見する際の強硬な姿勢、一つ一つに不条理を感じ、失望感が益々増幅した。その間、東京にいる中国人留学生が天安門広場の民主化運動を支援するデモを行い、私も参加した。六月三日の夜、徹夜でテレビの前に釘づけで長安街と天安門の動静を見ていた。解放軍の戦士が銃を挙げて射撃しながら前進する場面をリアルタイムで見た際、「人民の政権、人民の軍隊」がとうとう人民に発砲したという歴史的瞬間を目撃した、と自覚した。その場面は脳裏に焼きついて、いつ思い出しても鮮明である。

この事件は、私の「去留」、日本から去るかそれとも留まるかの選択に大きな影響を与えた。強権政治下の祖国に戻ったら、自分は何ができるのかと真剣に悩んだ。

それで、自らの意思を踏まえ、師のアドバイスにも従い、留学生活を終えた後もしばらく日本にとどまることにした。その後、日本の大学の教壇に立つこととなった。

日本に来た後、実地調査や家族訪問などで中国に戻った際には、いつも費先生の自宅を訪問し、自分の近況や、調査地の見聞、費先生の日本の友人の現状などについて話した。たまに訪問しなかった年もあったが、翌年には「去年、あなたは私に会いに来なかったのですね」と問われた。師は常に弟子のことを気にかけてくださっていることを知って、心が温かくなり、また励みとなった。

二、中根千枝先生

1.

一九八五年の夏、中根千枝先生が中国を訪問された際、私は先生が宿泊されていた中央民族学院（現在中央民族大学）のゲストハウスを訪ねた。選考のための面接だと思い、緊張した。その頃、中根先生の『日本社会』（『タテ社会の人間関係』の中国語版）を読んでおり、その巨視的かつ繊細な視点、明快な叙述に感銘を受けていて、尊敬する学者に会うことは嬉しいが、慣れない日本語で会話するのは心細かった。

ところが、終始優しい笑顔を浮かべながら分かりやすい言葉で話してくださったので、緊張感も自然にほぐれた。会話は、主にいままで学んできたことや将来の目標についてであったが、唯一質問らしいものは、「社会学から文化人類学に専門を変更しても問題はありませんか」と聞かれたことであった。

費先生は留学のことを私に説明してくださった時、「日本では、社会学と人類学は別々の専門で、離れているが、中国では、両方とも現実の社会を実証的に研究する学問として扱い、厳格に区別しない傾向にあります。私自身も、学部では社会学、大学院では人類学を学んだので、今の私は、社会学者でも人類学者でもあります」と話された。費先生の話を思い出した私は、それを中根先生に伝えた。中根先生は「そうですか、費先生はそうおっしゃったのですか。それでは、これから文化人類学を学ぶことになりますね」と微笑んで言われた。帰り際、玄関まで私を見送り、中国語で「東京見!」(東京で会いましょう)と言ってくださった。この一言で、もうだいじょうぶ、日本へ留学できる、と確信した。

一九八六年一月三〇日、東京へ旅立った。あいにく飛行機が遅延し、六時間も遅れて夜九時に成田空港に到着したが、迎えに来てくださった中根先生の秘書、秋富玲子さんはずっと待ってくれていた。玲子さんの車で東京へ移動する道中、互いに自己紹介をし、同じ年に生まれ、ともに三人兄妹の末っ子であることが分かり、初対面ながら意気投合し友達になった。玲子さんは、中根先生が私の宿泊先を留学生会館に手配してくれたこと、翌朝、先生自らが私を迎えに来られて一緒に東大に行き、大学院の演習に参加すること、演習の後、ゼミ生一同が私のために歓迎会を開くことなどを教えてくれた。一人の外国人学生のために、多忙な教授がこれほど行き届いた世話をしてくれることに感激し、心は感謝の気持ちでいっぱいになった。

2.

四月、入学してからのある日、中根先生は、「聶さんは勉強に一生懸命に取り組んでいるようですね。良いことです。ところで、学問に励む目的は何でしょうか」と聞かれた。私は、「主に三つほどあると思います。第一に、学問の方法論を用いて複雑な社会の現実や人々の現状を把握すること。第二に、現象の裏にある物事の文脈や、社会や文化の構造を理解すること。第三に、費先生が行われたように、自らの知恵を社会に還元し、政府に政策提言をすること」と、日頃考えていたことを申し上げた。

中根先生は「第一と第二の目的に同感します。第三の目的については、学問的思考を社会に還元するのは良いが、日本では、学術研究と政策提言を明確に区分し、学者は学問に専念することが一般的です」と述べられた。その話を聞いて、同じ実証的研究の学問でも、日本と中国では、その役割や学者の取り組む姿勢にだいぶ違いがあると感じた。当時の中国では、政策提言が社会学研究における重要な役割だと思われていたし、費先生の研究姿勢に影響されていたこともあり、私は中根先生が指摘した差異に敏感であった。

考えてみれば、費先生と中根先生のお二人の姿勢からも、日中間の学術研究の違いを見いだすことができる。費先生の著述は、前述した第一から第三の目的までの全域に及ぶ。例えば、『郷土中国』や、当時すでに日本語に翻訳・出版された『生育制度』などは、第三の目的の前半までのものであり、『小城鎮四記』は第三の目的の後半に相当するものである。それに対し、中根先生の著述は、主としてインド社会や、親族制度などに関する学術専門書であり、ベストセラーとなった『タテ社会の人間関係』も、第三の目的の前半までに相当するものである。

この違いは、どこから生まれたのか。当時の私は、こうしたクエスチョンを深く考える余裕がなかったが、日中間の「学問文化」の違いを実感し、そしてその違いは、歴史的には、「士」というインテリの階層が存在するか否か、学問の内容、社会的役割の差などと関連すると同時に、政治体制や、学問に対する政治的干渉の程度の差にも関係しているのではないかと、漠然と理解していた。自分としては、日本において、学業に専念し、思考力と研究力を養成していくことが当面の目標だと考えた。

大学院の授業では、中根先生が担当する演習「インドの社会構造」を履修した。英文研究書を輪読し、参加者が順番にテキストを日本語に翻訳しながら解釈し、段落ごとにディスカッションを行う形式で進められた。私は英語が苦手なため、予習を頑張って行っていても、意味があいまいで明確に把握できない箇所があるので、授業の時はいつも気を引き締めていた。

ある日、私が翻訳した後、中根先生は、「もう一度訳してください」と指示された。自分の翻訳が間違っていることに気づいたが、他に思いつく訳文がなかったので、先ほどの訳文を繰り返した。すると、中根先生は私の隣の学生に同じ箇所を翻訳させ、私の誤訳を正された。自分の学力不足で、授業の進行を滞らせたことを申し訳ないと思ったと同時に、学問を修めるには、正確かつ緻密に理解することが必須であることを肝に銘じた。

一九八七年、私が日本に来た翌年の春、中根先生は定年退職を迎えた。最終講義「事実と理論の間」は、東大本郷キャンパスの法文二号館で行われ、大きな教室は大勢の出席者で埋まった。中根先生は、社会人類学の基本的立場や、民族誌研究の未開社会から歴史の長い複雑な社会への移行など、人類学に関する総括的な見解を述べられた。その後、人類学の独特な研究手法であるフィールドワークに話題が集中した。

中根先生の講義は、その著述と同様、言葉づかいが明快で分かりやすく、かつ論理的で知的示唆に富んでいた。現地調査を半年後に控えていた私にとって、良いタイミングでフィールドワークに関する体系的な紹介を聞くことができて何よりだった。印象深いのは、調査に取り組む人類学者の立場や姿勢、必要な素質、考察作業における認識論的展開などの点であった。

最終講義の終了後、司会者からの依頼により、私は登壇し、感謝の気持ちを込めて美しい花束を中根先生に捧げた。

一九九七年に出版された、学問の大家の方々の最終講義を収めた『最終講義』（実業之日本社）の中に、中根先生の講義も収録されている。それを読むと、昔の記憶が蘇った。その講義内容の知的な新鮮さは未だ衰えておらず、時代が変わり、人類学の研究方法論も社会の状況に応じて変化したとしても、指摘されたフィールドワークの真髄は変わっていないと思った。自分が啓発された視点を以下に整理してみたい。

①理論や先行研究に溺れず、調査地の現場で事実に向き合う。
社会人類学とは、観念や理論を現実にあてはめるのではなく、あくまで事実を直視し、つねに特殊から普遍へというアプローチをおこなう。フィールドワークとは、みずからを現場に立たせ、生の社会生活と相対する手法である。既成の理論で現実の事象を解釈していては、ダイナミズムを得られないし、

理論から事実へのフィードバックもできない。借り物の理論では事象のディテール（細部）がおさえられない。優秀な研究者ならなおさら、調査研究の現場と思考の領域で創造的な部分がないと、興味が深まるはずもない。とりわけ、現場重視で創造性を要求される社会人類学の学問においては、借り物の理論では研究にならない。しかし同時に、既存の理論をどのように参考にしていくのか、ということも重要である。

②事実とは何か、理論はいかに生まれるか。

「事実」というのは、どこでも誰にでも観察できる。「事実」を観察することは、単に現実に起こったことを記録するのではない。社会人類学では、単に事実をとらえるのではなく、その「事実」が全体社会のなかでどういう意味を持ち、どういう位置づけにあるのか、ということを把握しなければならない。つまり「事実」というのは、事実相互と全体との関係において、はじめて意味をもつということである。それについて、社会人類学の父といわれるマリノフスキーは「すべての事実はつねに全体と関連しあっている」という名言を残している。

③人類学者に必要な素質とは何か。

調査する社会の規模が大きくなると、そのデータの密度とともにその背景を捉える知識においても大きなスケールが求められる。多様な、学際的なアプローチが、大きな時代の変化からも必要とされてきている。ただの「知識」というよりは、研究者の「知性」といった方がいいかもしれない。それは多様な「事実」をどういう文脈で読み取るかという、思考の弾力性、センスの問題にもつながる。現前の世界とは次元を異にする、幅広い知識と豊かな知性があってこそ、解釈できることは多い。

④調査研究の「客観性」とは何か。

現地調査に臨むに際し、重要な条件がある。それは、調査された事実が、理論へと発展していく過程で、科学として不可欠な「客観性」を維持することである。社会人類学では、その調査の姿勢を「デタッチメント」（対象と自分の分離）と言う。個人的にどんなに現地の住民と親しくなろうとも、つねに客観的なアプローチをなくしてはならない。また、誰しも「事実」を見つめるとき、気がつかないところで、意識の底に偏見や優越感が横たわっている場合がある。どんなに理論的な研究者でも、自分が生まれ育った社会の影響を知らず知らずに受けている。社会人類学では、研究者のそういう影響の存在から目をそらさずに、そのフィルターや歪みを正す作業をする必要がある。

⑤目に見える社会行動から、目に見えない「生きた構造」を読み取る。

社会人類学がある社会の人々の行動という「事実」を観察し、総合的に把握することにより、そこに目に見えない一定の「法則性」と「規則性」、つまり社会の「システム」を見出すことができる。個々人の社会的行動から抽出された「システム」こそ、社会人類学が「事実」から「理論」へと研究を進めるうえでの重要な関心事となる。「システム」とは、単なる固定的な仕組みではなく、歴史性とダイナミズムを持った「生きた構造」につながるものである。

米寿祝いの食事会の席上での中根先生（2014年）

法文二号館の教室で最終講義を聞いたとき、中根先生の「事実と理論」との関係に関する考えや、フィールドワーク論の趣旨は、費先生の授業時の「物語」の話や、自分の広東省や江蘇省での実地調査時の体験と通底すると感じた。と同時に、先生の話は社会人類学の伝統と方法論にしっかりと据えられており、より体系的論理的に語られていると思った。十数年後に、『最終講義』を読み直し、再び師の言葉に接して、自らも現地調査の経験を積んできたこともあり、その一言ひとことがますます腑に落ちる思いであった。

3.

二〇一四年一一月、中根先生の八八歳の誕生日の前日、玲子さんと私は、米寿祝いの食事会を催した。

その席上、中根先生が米国国立公文書館にインターネットでアクセスし、関連資料をダウンロードしていることが話題となり、近来の研究テーマをうかがうと、チベット研究に没頭していると教えてくださった。

晩年、初心にかえってチベット研究を再スタートできたことは、中根先生にとって何よりも喜ばしいことのようであった。八〇代後半という年齢になっても、研究意欲が衰えるどころか、ますます旺盛となっており、本当に感心した。

かつて読んだ、中根先生に対するインタビューの記録（「アジア学の系譜・社会構造論的アジア観」『アジア』一一一号、一九七六年）に、チベット研究に精力を注ぎ、学問の道を歩む最初の頃のことが紹介されていた。東京大学文学部東洋史学科の卒業論文も、唐代のチベットと中国国境地帯の文化接触について先生は書かれた。一九五三年、東大東洋文化研究所の助手となってまもなく、インドのカルカッタ経由という回り道でチベットに行こうとしたが、「国の法を破ることになる」という理由で現地の日本領事館に止められた。その後、アッサムの未開民族やヒマラヤのブーディアなどのチベット系民族の研究を行い、最終的にインド研究に転じたのである。

一九八〇年代、中国で改革開放の政策が実施されて以後、一九八一年から一九九〇年までの間、中根先生は、六回ほどチベット族が居住する四川、甘粛、青海、チベット自治区などの地域を訪問し、数多くのチベット仏教の寺院を見学し、民間の宗教信仰や、教育と医療の状況を考察された（索文清「費孝通と日本の学者中根千枝の学術交流と友情」『記念費孝通先生民族研究七〇周年論文集』中央民族大学出版社、二〇〇九年）。ちなみに、外国人学者の訪問が厳しく管理されているチベット地域での考察は、費先生の協力と手配により実現したのであった。

私は、チベットについてまったく不勉強で、知識が少ないが、かねてから、中華帝国とチベットとの関係と、近代国家としての中国とチベットとの関係の間に齟齬があるのではないかと考えており、せっかくのチャンスであるので、中根先生にうかがった。

私は、「清までの帝国時代、中央王朝はチベットの宗主国であり、朝廷から駐蔵大臣を派遣し現地駐在したが、一方、チベットは王国として独自の権力構造を構えた。清の国土領域を継承した中華民国以来、チベットが現代国家としての中国に属することとなり、かつての中央と地方王国といった二元性を失った結果、画一的な政治行政や、過度な干渉、宗教に対する鎮圧などが、独立運動を中心とする『チベット問題』の発生の一因となったのではないか」と、自らの疑問を申し上げた。

中根先生は、「過去から現代までの政治制度の継承と不一致は、問題の一面として存在しているが、より根本的なのは満人の支配者がチベット人に親近感を持ち、チベット本来の宗教や文化、社会統治の体制を許したのに対し、漢人はそれを許さず、破壊し、漢人のものを押し付けようとしたので、対立が生じた」と述べられた。

後日、中根先生は、チベット研究の論文「シムラ会議の意味をめぐって」(『日本学士院紀要』六七巻一号、二〇一二年)を送ってくださり、同封した手紙に下記のように記された。

……あの節、お尋ねのことに少し関係するかと思い、最近の論文を同封します。イギリスや中国の研究者から、ニュートラルで新鮮な考察と評価されたものです。とくに後半の(一一頁以降)が御参考になるかと思います。……

シムラ会議は、一九一三年一〇月から翌年七月までの期間、インドのシムラで開催された英・蔵・中による三者会議である。中根先生は、シムラ会議を、三国の関係における懸案問題を集約した歴史上の一齣ではなく、「政治的力の強弱といった観点のみでなく、全く異なる社会、文化（価値観、伝統）をもつ三者の主張に、それぞれの立場、考え方がよく現れている」ものとして、緻密に考察された。

ここでは、内容に関する詳細な紹介を省くが、食事会のとき中根先生が述べた、チベットに対する態度が満人と漢人とで大いに異なるという論点と関連する部分のみを簡略にまとめてみたい。

一九〇六年、チベットの内紛を処理するために派遣された駐蔵幇辦大臣鳳全がチベット人僧俗に殺された後、四川提督馬維騏、将軍趙爾豊が率いた四川軍は反乱地域を攻略し占拠した。チベットに駐在する趙の行動と関連しながら、中根先生の考察と議論は以下の面に及ぶ。

第一に、趙の行動について。中根先生はシムラ会議に参加するチベット側の代表シャタの、「多くの地方の寺院を攻略、破壊し、殺害された僧侶は算え切れなく責任者たちは財産、土地を強奪された」、「一貫して王法を遵守せず、制度習慣を顧みなかった。彼は漢区に滞在し、蔵区について何も考慮することはなかった」という言葉を紹介したうえで、「四川総督の許で趙爾豊などが必ずしも北京の意向とは関係なく、チベット、とくに隣接するカム地方に彼らの新政策を実行できたとみることができる」と、先生自身の見解を述べている。即ち、趙の行動を満人朝廷と「関係のない」ものと見なしたのである。

趙の「新政策」について、中根先生は以下の各項目を紹介している。

・土司の役所を廃止し、改土帰流を実行し、代わりに清の行政官を据えさせた。
・僧侶の人数を制限し、僧院から俗官へ権力の移転を行った。
・中国人移民を移住させ、荒地の開墾を始めた。
・川に鉄橋を建設し、電報線を架設した。
・戸籍調査を実施し、生産物による徴税のシステムを導入した。

第二に、満人朝廷のチベットに対する態度について。

「北京皇帝のチベット（特に仏教）に対する態度は常に「法王と施主」の表現が当るように、僧を丁重にもてなし、多数の布施を行うのが常であった」と述べている。

第三に、満人・皇帝と漢人・四川軍・趙との違い、及びチベット人の両者に対する思いについて。

まず、両者の違いについて、中根先生は次のように述べている。

北京皇帝のチベットに対する態度は、「趙に代表される四川軍の対応の仕方とは大きな距離がある。これには皇帝が満人であることと趙が漢人（漢軍正藍旗出身）であったことにも関係があろうとも考えられる。清朝がチベット仏教（僧）を優遇したということは、政治的なチベット支配にその要因を求める見方もあるが、それよりも満人のチベット（人）への親近感が漢人とは相当異っていたことも十分考えられるのである」。

二者の違いにより、チベット人の二者に対する思いもずいぶん異なっている。中根先生は、「趙璽豊のチベット攻略の対象は初期においては、寺院、僧侶の権限を弱体化することにあり、寺院を破壊、僧侶の殺戮が行われた。このことは当然チベットの僧俗の上下各階層の激しい反感を惹起し、信仰の篤いチベット人に忘れがたい怒りと傷痕を残すことになった。シラム会議中のシャタの発言はこのことをさしているのである。彼はこのような暴挙、違法行為をなすなどということは、北京皇帝にとって考えられないことである、と述べている」と綴り、チベット人が北京皇帝と地方の官僚、満人と漢人とを明確に区別していることを指摘した。

中根先生は上記論文とともに、「チベット問題の社会的背景」(『日本学士院紀要』五二巻一号、一九九七年)も同封してくださった。この論文の主旨を先生は、(チベットに対する)「政治的状況の解釈は別にして、その背景としてチベットのおかれてきた社会的状況について概観し、チベットの理解に資する」ことである、と述べている。

「社会状況の概観」は、以下の五つの方面から展開されている。

①生存の環境と民族の特質。チベット人は、広大な地域に分布し、五つの地方(ウ・ツァン・アリ・カム・アムド)に分けられているものの、海抜三千~四千メートルの高地に居住する、牧畜の要素が濃厚な生業を営む、食習慣や言語が同じであるなどの共通性により、民族文化の基盤が形成され、その土壌に根づいたチベット仏教が人々の精神を支えている。

②チベットの政治形態。歴史上、地方においては、豪族が寺院と密接に関係し、政教一致の地方勢力が形成されてきた。一方、中央では、唐代の古代王朝や、元代のサキャ派支配、一七世紀半ば以後はダライラマを頂点とした宗教・政治機構などにより、全チベットは緩やかながら一つの統合体として存在してきた。

③大寺院の役割。大寺院は、宗教の中心であるのみならず、政治的には、地方では有力者と共に政治権力を握り、中央では大臣、官僚としてダライ政権の中心に影響を及ぼした。経済的には、大土地所有者でありながら金融業や商業も営む一大経営体である。学術的には、学僧を志す者にとって最高学府である。文化的には、僧侶には絵画、彫刻などに秀でた者が多く、音楽、舞は宗教行事に欠かせないものである。総じて寺院は、チベットの学術・文化の担い手だと言える。

④社会的文化的側面から見る中国との関係。元代以来、数多くの高僧が北京や山西省などの寺院に招かれた。一方、チベットの大寺院の華麗な建築は中国からの調度品なしでは完結できるものではなかった。チベットの官僚制組織やリクルートの方法は中国と異なるが、官僚の等級を表す用語は中国語から借りたタームで、爵位ももともと中国から与えられたものであった。高僧や貴族は中国人に慣れていたものの、その漢化はプラクティカルな面にとどまり、チベット人としてのアイデンティティは変わらなかった。総じて、チベット人は、中国の少数民族の中で特異な存在であり、漢人化に対して最も強く抵抗しうる社会構造をもっており、交流の歴史が長いにもかかわらず、儒教や道教の影響は見られない。

⑤インドとの関係。相互の関係においては宗教的な交流が主要であり、チベット文字はインドのナー

ガリー系の文字から考案されたのである。チベット人にとって、インドは中国のようにチベットに政治的干渉や支配を及ぼしたことはなく、寛容な国で、憧れと共に親近感をもっている。

中根先生のチベット研究を長々と紹介したが、二つの論文から、中根先生は自らの研究姿勢――厳格な科学的態度をもち、ニュートラルな立場にありながら、研究対象の文化や人間を見つめて、その本来の姿や心理を理解しようとする理知的共感性――を晩年まで貫いたことがうかがえる。また、「政治問題」として捉えられる傾向にあるチベット問題に対し、政治問題の背後に、それを生み出した社会的、歴史的背景をしっかりと理解すべきであること、複数の当事者が存在する複雑な民族問題に対し、「異なる社会、文化（価値観、伝統）をもつ」それぞれの当事者の「主張、立場、考え方」を丁寧に取り上げる必要があること、などの示唆を与えてくれた、と私は思う。

三、伊藤亜人先生

1.

一九八七年に中根千枝先生が定年退職された後、私の指導を引き受けたのは伊藤亜人先生であった。伊藤先生の専門領域は韓国研究であるが、研究者を目指していた大学院生の頃、中国研究者になろうと真剣に考えたことがったという。しかし当時、社会主義中国への外国人研究者の入国すら困難な状況のもとで、希望を放棄せざるを得ず、韓国研究に転じたと、自ら教えてくださった。

伊藤先生が担当した演習の内容は「文化人類学の農民社会研究」であり、教材は、農民社会に関する人類学的研究の文献、例えば、農民社会研究の先駆けと言われるジュリアン・ピット＝リバーズのスペイン農村研究や、エリック・ロバート・ウルフのラテンアメリカ諸国を中心とする農民研究などの英文著作であった。

長い歴史や複雑な社会構造をもち、規模が大きい農民社会に関する民族誌的研究は、一九六〇年代に発展したもので、私が在学した一九八〇年代では、まだ新しい研究領域と見なされていた。人類学者は、世界各地の現地調査を踏まえて、その時までの未開社会研究にはなかったような概念を多く作り出した。例えば、親族関係や地方のコミュニティを超えての社会的ネットワーク、地域におけるパトロン・クライアント関係、地域社会を超えた普遍的価値や世界観による大伝統（great tradition）、個別地域の生活文化の小伝統（little tradition）など。これらの概念は、規模の大きい社会を構造的に把握し、流動的で複雑な社会現象の背後にある文脈を読み取る研究作業に役立つのだ、と自分なりに理解した。

演習において私はメキシコの農村社会の人間関係に関する民族誌の紹介を担当した。メキシコ農民の姿に初めて接して新鮮さを感じたと同時に、村人が、誰と、いつ、何をしているうちに、何の事柄について、どのように関わり合っているかなどについて、研究者の着眼点や、その関係性を構造的に提示する手法に啓発を受けた。いわゆる「客観的、科学的」な研究行動は、このようにしなければならないのかと思い知った。

授業時に、伊藤先生は随時自ら調査した韓国や日本の事例を挙げながら説明やコメントをなさった。伊藤先生は、一九七一年から韓国研究をスタートし、翌年全羅南道珍島に半年ほど滞在しフィールドワークをされて以降、ほぼ毎年調査地を訪れ、継続的に村の様子を観察された。一つの調査地でこれほど持続的に調査を行う人類学者は、日本の人類学界では珍しいほどである。以来、親族や「契」などの社会組織、宗教信仰と儀礼、儒教と教育、物質文化、移動と都市化、地方振興など、広い視点で韓国の社会と文化を研究してきた。日本についても、実地調査の経験が豊かであり、大学院生時代に長崎県五島で実地調査を行ったのをはじめとして、東大文化人類学教室の調査実習の引率で、毎回短期間ではあるが日本の農村で実地調査を実施されてきた。自らの現地調査で得た豊富な知識とそれをめぐる思考が、授業時に格好の説明材料となった。

日頃の教示や拝読した伊藤先生の著述からは、その研究者としての姿勢をうかがえた。複雑な社会生活の各側面の細部をその流動的な様子も含めて緻密に調査し記録し、それを踏まえて学問を築き上げるという姿である。そこに、学界における新しい研究動向に注目しつつも、流行しているいわゆる「理論」に拘らずに、実際の文化や社会に目を向けて、現実から自らの問題意識を育み究明していくといった精神が貫かれている、と私は感じていた。

2.

私の博士論文のための実地調査は、一九八七年八月から翌年九月までの間、遼寧省海城県の一村落で行った。いろいろと調べるうちに、二〇世紀初頭の清末から、中華民国、満州国、特に共産党革命及び新中国などの時代を通して、中国の農村社会は激しく変動し、村落や、血縁組織の宗族、民間の道徳観念と風俗信仰は、無残に姿を変えられ、多くの人の運命が翻弄されたことが徐々に明らかとなった。ま

博士学位証書授与後、大貫良夫、末成道男、伊藤亜人先生と著者（1990 年）

た都市で政治運動を体験した私は、農村の政治運動が都市に劣らず酷いものだと実感した。それで、一村落の民族誌的研究を通して、民衆の社会生活の軌跡を記録し、草の根から中国の現代史を読み直したいと考えるようになった。

博士論文を元に出版した『劉堡——中国東北地方の宗族とその変容』（東京大学出版会、一九九二年）の「あとがき」に、私は感謝の意を込めて伊藤先生の私の考えに対する理解を紹介した。

> 伊藤先生は終始、人類学の理論に現実を当てはめるのではなく、現実社会の本来の様相を大胆に探索するように励ましてくださった。これは、複雑な経済的・政治的変動が生じ、中華人民共和国成立以後は本格的な人類学の実地調査が行われた先例が少ないという社会に直面する私にとっては、何よりの励ましであった。

偶然にもこの拙著の冒頭で、伊藤先生が書かれた「本書によせて」にも、私の研究動機に触れられている。

（著者が文革の間に）肌身で体験した過酷な政治運動と人間関係の観察とが、後に著者を革命運動下における農民生活の実証的な研究に駆り立てる大きな動機となったという。しかも政治指導者の視点からではなく農民の生きた現実を自分の手でありのままに記述しておきたいという強い使命感が、著者の留学生活とフィールドワークを支えてきたものであり、また、村人の個人的な生活史にまで立ち入った本書を、敢えてそのままの形で出版したいという強い意志ともなっている。

そして、私の研究視点に対しても深い理解を示された。

中国のように高度に複雑な社会を対象とし、しかもその動態を扱おうとすれば、実にさまざまな分野に目を配らなければならなくなり、したがって限られた期間の現地調査では、それなりに成算のある戦略を立てておくことが必要となろう。著者の採った基本方針は、現地調査では一つの村落に焦点をおきながらも、同時に国家的な規模で展開された政治・経済のイデオロギーや運動が地方都市を経て村落に及ぼすさまざまな作用に絶えず注目し、また清朝時代からの大きな歴史の流れの中に位置づけながら、その一方では村人のきわめて個人的な生活史にまで立ち入って、人間関係の変化の具体的な記述を重視しようとする意欲的なものであった。

拙著の「あとがき」に、私は伊藤先生の指導方法についても触れた。

先生の指導は、常に私のフィールド・データに基づいて具体的に行われた。先生は、私のまだ未熟な考えを十分に尊重し、それを生かしながら、質問・議論及び分析を通して、その未熟さを洗練し補充する方向でご指導くださった。このような指導が私に与えた啓発は非常に大きかった。このため、論文の分析及び解釈は、少なからず先生からの啓発を受けて初めて可能となったと言えるのである。

またも偶然に「本書によせて」の中で、伊藤先生も私に対する指導について言及されている。

日本の奨学金制度の不利な制約により、一度に長期間の現地調査が許されなかったため、調査は長くても三カ月までに区切りながらこれを繰り返す方法を採らざるを得なかった。しかしその度ごとに調査の進捗を見ながら討論によって調査の不備を補ったり深めたりすることができたのは幸いであった。またそれによって、現地人類学者（native anthropologist）の有利さを充分に生かしながら、日本人研究者にはなかなか真似のできない集約的調査と広域調査とを組み合わせた調査ができたように思われる。

中国の事情に非常に興味をもっている伊藤先生は、毎回調査地から戻ってきた私の報告に熱心に耳を傾け、細部まで問いただしたり、現象の背景について私の解釈を求めたりした。それらの質問に触発されて、諸々の現象に含まれる文化的意味や、それぞれの人物の社会的立ち位置などについて、私は意識したり悟ったりすることになり、「事実」に対する把握は深められた。

事例を若干挙げよう。

村には、劉国久という清末に科挙に合格した秀才があり、一九二〇年代の末に亡くなったが、彼の、県の税務官を担当していても賄賂を少しも受け取らなかったことや、村の道路を広げるために自分の庭の塀を後退させたことなどは、半世紀以上経ったいまも村人に褒めたたえられている。人々は彼の人品と徳性を讃え、彼が書いた「対聯」（正月に門に貼る対句）や吟じた詩を大切に覚えている。ある日、劉国久のことを話した後、伊藤先生に「この人は官ですか、それとも民ですか」と聞かれた。私は即座に「『亦官亦民』即ち官でもあり民でもあります。民出身の官、退官した後に民に帰しました」と答えた。その瞬間、意外な着目点からの質問により、視野が広げられ物事のつながりが見えてきたような気がした。なるほど、劉国久という実在の人物を政治構造の次元では、「官・民」という概念で捉えてもよいのだ。このような具体的な人物を通してこそ、村人と役人、農民と政府との関係をよりリアルに認識することができるのだとひらめいた。また、費孝通先生が主として江南地域の事情に基づいて提唱された「紳権」論との関連性も検討すべきだと気づき、思考と解釈の範囲が広がった。

村人の住居は、その様式から、建築材、建造方法まで多くの種類がある。物質文化の研究を重要視する伊藤先生は、その一つ一つについて詳細に質問された。個々の質問は常に次の調査のヒントとなった。

住居について継続的に根掘り葉掘り調べていくうちに、建造物としての住居のことばかりではなく、住居に付随している様々な意味合いや、果たしている文化的機能も徐々に見えてきた。風雨を遮る家屋は、生きていくために最低限の必需品とされる以外、経済的には、重要な家財として、分家する際、「均分相続」（親の財産を分けて息子たちに均等に相続させる）の対象となる。社会的には、家屋が家柄や家の経済力と体面を表現し、また、面積の大小や環境の良し悪しの異なる部屋は家族成員の世代や長幼の順序に応じて配分されていた。民間信仰的には、住宅の向きや、部屋の間取りの配置、棟上げの時刻は風水信仰に基づいて定めるのであった。したがって、家屋をめぐる調査を通して、農民の生活水準や経済的事情を把握できた一方、家族内の人間関係や長幼の秩序、村人の風水信仰、威信や体面の観念などに関する理解も深めることができた。

拙著の最後に「中国東北地方の言葉及び諺一覧」があるが、それは伊藤先生の提案により整理したものである。現地のことを伊藤先生に報告する際、私はつねに村人が日頃口にしている熟語や地元の諺、独特な言い回しなどを以て、村の出来事を説明した。それらの言葉を詳しく解釈したり伊藤先生と議論したりするうちに、民俗的言語表現が、農民の家族や親族、他人や社会に対する見方、善悪美醜の判断基準、身の処し方、喜怒哀楽の感情などを反映しており、彼らの内面の世界を理解するのにたいへん役立つものだ、と意識するようになった。そのため、論文を作成する際に地元の言葉を意図的に引用した。その後、本にまとめる時、読者に読みやすいように一覧を作ろうと、伊藤先生はアドバイスしてくださったのである。

3.

勤務した大学では、「東アジアの文化と社会」「東アジアの民族誌」などの科目を担当した。東アジア諸国の文化の比較に主眼を置いたこれらの授業に、伊藤先生の韓国や日本に関する著述を教材や参考資料として使用した。改めて伊藤先生の著作を読んで、その視点や研究者としての姿勢に対し新たな理解が得られた。

学生時代、何よりも伊藤先生の中国社会と接する際の柔軟な受容力と他者への想像力が胸に響いた。自分も研究者となった現在、伊藤先生の韓国研究の著述を読むことで、韓国の社会や文化に関する知識を得られると同時に、その韓国への視線や研究姿勢の独自性が感じられる。

まず、伊藤先生の韓国研究には、日本との比較という伏線が存在していると思われる。例えば、韓国を紹介する著述に、地理的環境から、政治統合の体制、指導者層の構成、親族組織、人間関係、民間信仰まで各側面を論じる際、度々日本の相応する状況にも言及し、日本との比較を通して韓国の特性をより明確にした。一方、それは、韓国と比較しながらの日本に対する内省的認識でもあった。

比較の可能性と必要性について、伊藤先生は、次のように述べている。「他者理解と自己認識はもともと表裏不可分なものであり、韓国における観察も常に日本との比較を避けることができない……日韓社会は『近くて遠い関係』と表現されてきたように、互いにさまざまな脈絡を掘り下げながら整理することで、緻密な比較が可能となる絶妙の関係にあるといえる」（『珍島――韓国農村社会の民族誌』弘文堂、二〇一三年）。

「互いにさまざまな脈絡を掘り下げ」ることは、異なる文化間の比較の前提である。即ち、どちらかの物差しでもう一方をはかるのではなく、それぞれの文化を尊重する前提に立って、各自の内的文脈をしっかりと理解したうえで適切に比較することである。

「他者理解」を徹底すれば、歴史上、自国が他者に与えた危害からも目を背けることはできない。それは、同時に、自国の加害の歴史に真正面から向き合う「自己認識」をも意味する。日本が朝鮮で実施した「創氏改名」について言及する際、伊藤先生は、姓は朝鮮民族にとって個人のアイデンティティの最も重要なものだと説明したうえで、この政策は、朝鮮の社会・文化・歴史的な背景や、親族の基本的な構造の違いを無視したものだったと厳しく批判し、他者本来の「脈絡」を以て自国が犯した歴史的過ちを容赦なく追及し、問題の深刻さを冷静に解説した。

父親の姓は、その親族集団への帰属が生涯にわたって社会生活全般に及ぶ個人の最も基本的な資格となり、個人のアイデンティティにとって最も重要なものである。姓を換えることは命を絶つにも等しい行為であり、最も恥ずべきことと考えられている。姓を媒介とする系譜関係を通じて、個人は朝鮮民族の歴史と結び付けられている。こうした社会・文化・歴史的な背景を無視して、単に日本式の名称を普及させることによって同化が図れるものと考えていたとしたら何と愚かなことであろう。創氏改名政策は朝鮮民族の社会・文化の核心ともいえる領域に介入することによってアイデンティティを骨抜きにする意図をもっていたと考えられる（要約、『もっと知りたい韓国』弘文堂、一九八五年）。

そして、伊藤先生の「他者理解と自己認識」は日韓両国に留まらず、視野を中華文明圏という範囲に広げて、両国が受けた中華文明の影響の程度差、歴史上の中国や大陸部諸民族との関係の差、それらの

差に起因する両国の社会・文化の違いなどを分析した。例えば、

・地理的環境と民族社会の保持や外交について

日本のような島国の社会とは異なり、多くの民族が隣接し合う流動的な大陸部の国際社会において、民族社会を保持してゆくためには、現実的で機敏な外交戦術が重視された。朝鮮社会もその例外ではなく、多くの苦難と屈辱に堪えながらも、これほど長い民族社会の歴史を有する例は少なく、民族存亡の危険をその度に克服してきたのは、その外交政策に負う点が大きい。

・中華の大伝統と土着の文化伝統との関係について

朝鮮は中華の大伝統と土着の文化伝統の二重的な共存を図ることによって、安全保障と同時に民族文化の独自性を維持することに成功したと言えるが、両者の共存は、両班―常民という身分観念と社会・文化全般に及ぶ二重構造をもたらし、両伝統の優位―劣位という階層的な秩序によって全体社会の統合が図られた。

日本では、一般的にみて外来の伝統はどんどん変容を遂げて土着の伝統と習合しながら定着してゆき、その結果二つの伝統の間に大きな断絶が存続し難い。

・社会における儒教の影響について

朝鮮では、儒教は科挙及び中央集権官僚機構の成熟と歩調を合わせて、社会の支配層から民衆層

へ、また中央から地方へ普及してゆき、やがて朝鮮社会の根本原理と見なされるまでになった。儒教的な人間関係の原理は、家庭生活をはじめあらゆる社会生活の秩序原理として重視された（以上前掲『もっと知りたい韓国』）。

日本では、その地理的条件では東アジアの文明圏において周辺に位置した結果、漢文明の影響を受けながらも、それは必ずしも体系的に受容されたと言えず、むしろ断片的ないしは表層的な受容に留まった（『文化人類学で読む日本の民俗社会』有斐閣、二〇〇七年）。

総じて、伊藤先生の「他者理解」は、その社会や文化の細部まで緻密に把握すると同時に、巨視的で、社会の全体的特徴、他社会との関係や、相対する文明圏の影響などをも視野に収めているので、その視点がたいへん開放的である。そして、このような他者理解は、「自己認識」と密接につながり、日本文化を論じる際、「本書によせて」の言葉を借りて言えば、「現地人類学者の有利さを十分に生かしながら」も、他者の社会で調査する人類学者のように「付かず離れず」の冷静な態度を貫かれている。別の言葉で言えば、「部内者の目」と「部外者の目」の両方をもって独自の日本文化論を展開されている。『文化人類学で読む日本の民俗社会』を読む際、私はこのように感じた。

私が担当する三年次演習に伊藤先生の本を教材の一つとして使用していたので、「著者と話し合う会」を設けて伊藤先生に来ていただき、学生たちと座談し質問に答えていただいた。ご足労いただいたお礼を伊藤先生に申し上げる時、すでに定年退職されていた伊藤先生は、「教育の現場に戻り、そして自分の学生の学生たちに会うことを喜んでいます」と言われた。

師から私、私から学生たちへと、学問はこのように伝授されていくのだと実感した。

古代の賢人韓愈は、「師とは、道を伝え、学問を授け、疑問を解く者だ」（師者、所以伝道、授業、解惑也）と言う。費孝通先生、中根千枝先生、伊藤亜人先生は、まさにこのような師であった。師に学んだことを生かし、世界に向き合って独自に模索し、学問を通じて世に寄与することは、弟子たる者の使命である、と自己を励まし続けている。

第三部　研究・著作の行間を語る

劉堡・収穫の季節（1987年）

一　中国社会の生活実態——フィールドワークからの学び

はじめに

この部に収録した著書・論文は一九八〇年代後半から二〇〇〇年代初頭までに書いたものである。この時期に、私は、中国東北部の一村落——劉堡でフィールドワークを行い、博士論文『劉堡——中国東北地方の宗族とその変容』を執筆した。その後、劉堡での調査で気づいた問題を継続的に検討するかたわら、共同研究に参加したこともあり、調査地を「北方」の遼寧省から「南方」（揚子江以南）の湖南、福建や、少数民族の朝鮮族が集居する吉林などの省に広げた。中国文化はバリエーションに富み地域差や民族間の差が大きいので、できるだけ多くの「現場」に行き、人々と接して、自分の目で社会生活の実態を観察したかったのである。

読者に呈したこれらの文章は、二〇世紀の中国の大きな政治変動のもとで、民衆の親族集団や、社会組織、民間信仰、価値観念、個人の運命などに関する実態と変化の過程を記述し、少数民族集団と国家との関係をその実情に基づいて分析したものである。

一、『劉堡――中国東北地方の宗族とその変容』（一九九二年、東京大学出版会）

1. 概要

本書は、一九八七年から翌八八年までの間に、中国東北部遼寧省の一村落で行ったフィールドワークに基づいて書いたものである。「劉堡」とは、劉姓が大多数を占める村の仮名である。「堡」は地元の言葉で、村を意味する。内容は、「伝統社会の宗族及び家族の構造」と「時代の変遷と親族組織の変容」の二部により構成される。

第一部では、調査地である劉堡の概要のほか、清代から民国期までの劉一族の歴史や家族の様態を、族譜や聞き書きによって再構成した。第二部では、民国・満州国時代、共産党政権下の土地改革、人民公社期、改革解放期以降と時代別に、劉堡における父系血縁組織の宗族や、家族、階級区分、人間関係、及び村落と国家行政との関係を具体的に記述し分析した。

本書の考察では、一つの村落に焦点をおきながらも、同時に国家的な規模で展開された政治的経済的変動及びその巨大なうねりが村落に及ぼす作用に絶えず注目した。近代以降、底辺部の社会変容には、国家の行政的支配の強化や、共産党政権による思想的コントロール、集団生産制度下の大家族の解体などの影響が大きいと指摘した。

このような考察は、序章に書いた通り、「筆者の、筆者自身が属する漢民族の社会構造、価値体系、民族的性格及びこの半世紀の社会・歴史に対する再認識の過程でもあった」。

『劉堡』（1992年）

2. 行間を語る

第二部で先生方について語る際に、すでに『劉堡』について触れており、なぜこの村を調査地として選んだのか、フィールドワークをどのような視点で実施したか、現地調査で得られた「事実」をどのような角度から分析したのかなどについて、少なからず紹介した。

ここでは、現地調査や執筆の過程で心がけていたこと、私自身が心を動かされたこと、躊躇していたこと、新しい認識を得たことなどについて語る。

村に入ってまもなく、工場生活で培った人間観察力により、村内の人間関係の複雑さに気づいた。共産党政権による階級闘争、例えば土地改革において、土地を持つ農家の土地や家屋、家財が没収され、土地を持たないか、持っていても少ない貧しい農家（「雇農・貧下中農」）に分配されるキャンペーンが実施されたこと、都市に劣らない激しい政治運動、例えば反右派闘争、社会主義教育運動、四清運動、文化大革命などが展開されたこと、また、政権主導のもとで社会組織や農業経営の形式が急速に変化し、十年も経たないうちに、農家は個別経営から互助組や合作社を経て、半ば強制的に人民公社という集団生産制度へと移行したことなどにより、村の状況は新中国以前と比べて大きく変わり、人間関係も寸断された。

共産党の階級闘争論に基づき、農家や個人が以前とは異なる政治的、社会的地位に区分された。具体的には、革命勢力である「紅五類」（革命幹部、革命軍人、革命烈士、工人、農民）と、反革命勢力である「黒五類」（地主、富農、反革命分子、壊分子、右派）に分類された。またこれに加えて、「貧下中農」、「地富」（村内の地主と富農）、「紅苗子」（貧下中農の子弟）、「狗崽子」（地主富農の子弟）などの分類も存在した。「紅五類」の中では、父系血縁関係の遠近や姻戚関係の有無、個々の価値観と品行によって、より緊密な関係を持つグループである「圏子」がいくつも形成され、その中には、「人を迫害する腹黒い人々」と「温和で善良な人々」という区別があり、相互に距離を置いていた。「黒五類」の中でも、他の黒五類よりも特に激しい迫害を受けた「惨めな者」が存在し、文化大革命の際、迫害に耐えられずに自殺した者が四人もいた。

文革が終了し、改革開放政策が実施された後も、調査時点で人々は変わらず同じ村に住んでいた。国家の戸籍や人口管理の政策により、農民は移住しようとしても容易にはできない。表面的には静かに見えるが、実際には互いに恨みや警戒心を抱き、心理的な溝は深いままである。人前で政治運動や敵対する人々について話すのはタブーであるが、信頼できる相手との間ではしばしば話題に上ることとなる。

私と親しく接してくれた人からは、「その人の前であの人のことを聞いてはいけないよ、彼らは仲間だからね」、「当時のことを知りたいなら、その時の人間関係を理解しなければならないよ」などのアドバイスをもらった。

村人との付き合い方には悩んだ。各方面の人々と均等に接することは、私にとって容易なことではなかった。しかし、調査の公平性や聞き取り内容の客観性を保つために、それはどうしても必要なことであった。

私が考えた方法は、まず村の歴史や劉氏宗族の歴史から調査を始めることであった。新中国以前の清末、民国や満州国の時代の話は村人にとってあまり敏感な問題ではなかったため、調査を続けながら、彼らが私に対する信頼や理解を深めるのを待った。また、より広範囲に村人と接するために、アンケートを持参して農家を訪問する方法をとった。人口一〇一八人、農家二九二戸から成る劉堡は四つの「居民組」に分かれており、私はそのうち第二居民組の六七戸を一軒ずつ訪問し、聞き取り調査を行った。各家庭では、家族構成や家業、親戚との付き合いから、人民公社期の生活や政治運動の体験に至るまで、様々な話を聞くことができた。

徐々に村人との親しみが深まるにつれて、私は様々な立場の人々に対するインタビューを行い始めた。村内での政治運動や権力闘争に関しては、かつて「地富」との闘いの先頭に立った元「貧農協会主席」や、文革期の造反派に属した人々、現職の村幹部、また、「黒五類」とされた家の出身者や「狗崽子」と呼ばれた当事者、自殺者の家族など、それぞれの立場から丁寧に証言を集めた。こうして、過去の出来事の全体像を把握しようと心がけて努力した。

集めた証言を相互に照合し、郷や県政府の檔案館（公文書館）から収集した歴史的記録も併せて検討した。出来事の全体像を示す際に、私が重視したのは、個々人の生々しい体験や、境遇、内面の葛藤、運命の起伏を捨象せずにできる限りリアルに描くことであった。一人一人の存在があってこそ、歴史が成り立つと考えたからである。

『劉堡』の「あとがき」に私は下記の一文を書いた。

本書の出版に際して、調査地・劉堡の農民の皆さんに厚くお礼を申し上げたい。農民の皆さんは、自分自身の浮沈の運命、独特の思考様式、複雑な人間関係を、そのまま私の眼前に展開してくださった。私はそれに強く引かれ、なんとか究明しようという心境で徐々に研究を奥深いところまで進めていくことができたと言える。またこの認識は、伝統及び現実について見たり考えたりしたことを、真面目にまとめて真実を語る学問として世界に貢献する、という一種の使命感を私に与えてくれた。

西澤治彦さんが書いた『劉堡』の書評には、次のような一文があった。

大方の読者は、よくここまで書いてくれたと、著者の勇気に感心することであろう。それを支えているのは、農民への限りない同情の念と、祖国の過去と未来に対する深い思慮であり、読者はこの点でも、本書に静かな感動を覚えることであろう。

博士論文の口述試験の際、先生方からは論文の出版についても質問された。出版の意向はあるか、もし出版する意欲がある場合、次の二つの問題についてどう考えているのかと聞かれた。第一に、現政権にとって不都合な事実が多く記述されているが、このまま出版するつもりか。第二に、論文には多くの村人が登場し、彼らの家族史、人間関係、政治運動における個人的な行動、さらには恋愛までが描かれており、私事に立ち入っているようにも見えるが、これでよいのか、ということであった。

第一の質問に対しては、私は迷わず、整理した事実と自分が得た認識を隠さずにこのまま読者に提示したいと答えた。なぜなら、論文を執筆した際にこの問題についてすでに自分なりに考えたからである。ワープロの画面を見つめているとき、ふと自分が入力した文字が思想的「禁区」(立ち入り禁止区域)に入り、危険な「地雷」を踏んでいることに気づかされた。階級区分や土地改革に関する事実の陳述や、それに対する私の説明と批評は、共産党政権の土地改革政策や階級闘争論のイデオロギーと真っ向から対立していると自覚した。どうしようか。このまま書き進めるべきか、削除すべきか、それとも曖昧にすべきか。ほどなく私は、事実をそのまま書くと決めた。自ら収集し、整理し、自分の頭で考えたうえで得た真実に関する認識は本音で語るべきだと感じたからである。文革以来の自分の信念を貫こうと、自分自身に言い聞かせた。

第二の質問に対しては、博士論文終章で書いた、「革命後には、国家の行政による農民に対する支配は、家族、ひいては農民個人にまで浸透していった」という視点から説明した。

社会主義革命が伝統的な社会組織や人間関係を破壊しただけでなく、国家は、社会主義の新しい観念、革命的な思想を行政の力で広め、観念や文化の革新の形で農民に押し付けた。そのため、個々の社会行動や私生活までも管理の対象となり、イデオロギーの影響を強く受けていた。実際、青年男女の恋愛関係においても、共産党組織が階級闘争論に基づき、双方の出身階級が釣り合うか否かを判断し許可を出していた。その時代には、プライベートな空間がほとんど存在せず、特に政治的に逸脱した個人の行動は、批判や攻撃の対象となり、すぐさま村内の世論やゴシップの的となった。民主主義国家で想定されるような「私事」は、ここではほぼ存在していなかった。したがって、個人的な事柄を視野に入れることで、共産党政権の支配方法や、その支配下に置かれた民衆の姿をより鮮明に映し出すことができると考えた。加えて、個人に関する情報は、家族や親戚、友人などから得たものもあるが、多くは本人自身が教えてくれたものである。それでも、本人への配慮が必要であるため、論文では登場人物の名前をすべて仮名にした。

その後、中根千枝先生、末成道男先生の推薦を受け、博士論文は一九九二年に東京大学出版会により出版された。翌年、本書は若手の文化人類学者に与えられる澁澤賞（第二十三回）を受賞した。

本書の「資料編」に掲載した書評は、『劉堡』の内容や描かれた中国農村社会、またそれを取り巻く近代中国の政治と社会の変動を理解するために役立つものであるため、一読をお勧めしたい。

二、「中国農民社会における儒教の影響の実態——東北地方の実地調査に基づいて」

(『国立民族学博物館研究報告』第一九巻第一号、一九九四年)

1．要旨

儒教は、中国における長い王朝時代の国家的なイデオロギーであり、哲学と結びついた世界観や「礼制（国家が定めた礼儀・作法の決まりごと）」の性格をもちながら、民間で実践されている生活習俗や民間信仰にも浸透した。

本論文は、中国東北地方の一農村での実地調査に基づいて、農民社会における儒教の影響の実態を分析するものである。儒教が民間社会に影響を及ぼしたルートを、次の五つに分類し、それぞれ詳細に記述している。

(1)「郷紳」と呼ばれた「読書人」（知識人）の影響
(2)教育
(3)民間で広く流布《るふ》された「小冊子」（儒教思想の啓蒙的パンフレット）
(4)民間文芸
(5)「宗法」と「長輩」の影響

儒教の倫理道徳観が社会の隅々に浸透し、農民の観念や人間関係に大きな影響を与えてきた一方、儒教の教えと社会の現実との間には乖離が見られ、理想と現実の二重構造や、他人に対する態度と自分に対する態度のダブルスタンダードが存在していることを指摘した。

2. 行間を語る

農民社会における儒教の影響の実態に関する本論文の執筆は、劉堡での調査で気づいた問題を継続的に検討することを主な動機としていた。

伝統的な親族組織である宗族・家族の二〇世紀における変容を主題とした『劉堡』の終章では、その変容に影響を与えた主な要因を以下の三つにまとめた。

一つ目は、国家行政による支配の強化である。帝政時代には、宗族（同族が集住することにより、同時に一村落でもある）が高い自治性を維持していた。しかし、民国とその後の満洲国時代に、村落は国家の末端組織に組み込まれ、宗族の社会統合的な機能は徐々に失われていった。そして共産党政権時代には、宗族が完全に破壊され、農民は個人単位で公有制の人民公社に編入されたことで、親族組織どころか、親族関係の機能もだいぶ失われた。

二つ目は、革命思想による観念の変化である。儒教の影響を受けて形成された農民の価値観や道徳観は、共産党政権が政治運動や政治権力を通じて強制的に押し付けた「社会主義の新観念、革命的新思想」に取って代わられた。

三つ目は、生業を営む家族形態の変化である。革命以前、農民は家族単位で、特に有力な農家は三世代同居の大家族の形態で自主的に農業を経営していた。しかし、革命以後、農民の個々人が人民公社の一社員として集団生産に従事することとなり、大家族は解体され、核家族が固定化された。

一方、変容の実態に関して、「政治的、経済的な変動を通じて、伝統的なものが大きく変化したものの、実際、それほど変化していない部分もある」、「伝統的な社会構造や価値体系の一部が新しい社会環境の中でも根強く残っている」と指摘した。

この一文をまとめる際、あらゆるものが時代の変動に巻き込まれた状況の中で、なぜこれらの伝統が根強く存在しているのか、と考えを巡らせた。また、そもそも農民の「価値体系」はどのような意識構成を持つのか、日常生活で実践されている道徳や価値観は儒教の世界観とどのように関連しているのか、新しい問題が次々と頭に浮かび上がり、これからさらに深く検討すべきだと気づいた。

以下、本論文の執筆動機や問題意識を反映した『劉堡』終章の一節を、やや長くなるが引用させていただく。

それほど変化していない部分とは、伝統的な社会構造及び価値体系の一部分が新しい社会環境の中に根強く存在しているということであり、変化していないとはいっても、形式的にもまったく変わっていないというのではなく、形式的にはかなり変化していても実質的に変化していない、ということである。

例えば、「内外」「上下」及び「遠近」の秩序を持つ伝統的社会構造及びその秩序を強く意識する価値体系が、親族組織とは質がまったく異なる共産党や集団生産制度などの組織の中に存続し、新しい形式でその社会構造と価値体系とを表現している。幹部の中で、同じ「圏子」（密接な間柄の者同士）に属する人が「内」、「圏子」外の人が「外」、同じ革命的な階級に属する人が「内」、異なる階級の人が「外」、あるいは、共産党や青年団などの革命組織に入った人が「内」、組織外の人が「外」、というわけである。また普通の農民が「下」で幹部が「上」、と見なされる。こうした「内外」や「上下」関係を踏まえて、人々の間の「遠近」関係も決まっていく。

一方、人民公社・共産党の基礎組織のような公式の組織が作られていても、その組織における人々の血縁関係や親族という私的紐帯は断ち切られることがなく、必ず、組織内部で何らかの形で役割を果たしていく。また、儒教の道徳規範が普遍的な社会道徳ではないという伝統文化の特徴と関連して、社会主義制度のもとで国家及び集団の利益が強調されても、個人及び家族の利益を重視する固有の私有観念が根強く存在した。集団生産制度によって権力集中がもたらされたために、その「公的」権力が「私的」実利を図ろうとする幹部たちに容易に利用されることにもなった。

考えてみれば、いくら先進的な社会制度を樹立しようとしても、農民は、彼らの意識にある固有の価値体系に当てはめてしか外部のものを受け入れられないので、表面的には新しい社会組織に加わっても、現実には、固有の価値観によって無意識的にも彼らの行動は左右される。このため、新たに作られた社会主義社会制度にも不可避的に伝統的な価値観が浸透していく。

伝統的な価値観が社会主義制度に浸透した結果、「改革」という名義で人民公社が解散を余儀なくされた。また農村改革の影響が波及した結果、中国政府は都市部においても経済体制改革を実施せざるを得なくなった。それによって、経済改革と対外開放という新しい時代が幕を開けた。したがって、根強い民衆の伝統的価値観と文化が、中国における政府の政策変更や制度変革、及びそれらによって引き起こされた大きな社会的変動の背景の一つであると言える。そういう意味で、現代中国を理解するためには、伝統的な価値観を理解する必要があると考えた。

加えて、本論文では以下の各点を指摘している。

・農民の伝統的価値観は、長い王朝時代を通じて、国家的イデオロギーである儒教の影響を受けているということは無視できない。

・農民社会における「内外」「上下」「遠近」といった秩序やそれに関する観念は、儒教の「礼制」や順位・等級を重視する「礼観念」と親縁性がある。

・個人や家族の利益を優先し、私的実利に執着する態度は、過酷な生存条件や、個人単位で家財を相続する家族制度などの社会制度的原因によるものと認められる一方、儒教に普遍的な公徳観念が欠如していることとも密接に関連している。

・儒教の理念と農民社会で実践されている道徳観との間にはズレがあり、理想的な道徳規範と、現実の人間関係における利害や損得を重視するという、二重構造が存在する。

本論文をめぐる考察には、儒教に関する学習が不可欠である。読み書きのできる農民がある程度知っている儒教の経典である『四書』（『大学』『論語』『中庸』『孟子』）や、民間で広く流布している『三字経』『千字文』などの小冊子に目を通したほか、儒家思想に関する日中の関連文献も手に取った。その中で、中国思想史研究者である溝口雄三先生が著された「中国儒教の10のアスペクト」（『思想』792、一九九〇年六月）や、先生が編集された『アジアの社会と儒教』（東京大学出版会、一九九四年）などは、私にとって啓発的であった。

一九八七年、東大中国学会（現在中国社会文化学会）で劉堡での実地調査について報告をした際、初めて溝口先生にお会いした。その後、溝口先生から「中国の現状や若者の本音を知りたい」と声をかけていただき、文化大革命の影響や、政府と民衆との関係、普通の中国人の生活状況、さらに私自身の体験などについて、数時間にわたり問答形式で話し合いをした。

『劉堡』の出版後、溝口先生は書評を執筆し、私に送ってくださった。書評では、『劉堡』に描かれた中国の農村や農民、さらに私の視点について紹介してくださり、「革命で何が変り何が変らなかったか」という問題にも触れておられた。

私たちは、中国社会の実状を、映画や小説を通して大小なりに知ってはいるが、この本は、一つの村を舞台に、数十年以上の時間の長さにわたって、全村を視野の中に入れながら、村の人々の織りなすドラマを、じっくりと写し出したものである。

革命で何が変り何が変らなかったか、表面の変化の裏側に何が隠されていたか、中国の農民の生活感情はどのようなものか、どういう習慣の中で生きているのか、全てが実例として示されている。

中国の思想史を研究する学者が、なぜこれほど現実の社会や普通の人々の生活に関心を持たれるのか、当初は少し不思議に感じた。その後、溝口先生の『方法としての中国』（東京大学出版会、一九八九年）を拝読し、日本の中国研究における「中国抜きの中国読み」という傾向や、「中国のあれこれを知ることだけを目的とした」中国学を批判する指摘に、深く共感すると同時に、自分の疑問も自然に解けた。

中国抜きの中国読みは、（中略）もっぱら日本内の事情にもとづいたきわめて主体的なものであり、そのぶん日本化の度合も大きかったことなどに由来する。つまり古代や中世の中国への関心というのは、日本内化された中国という意味では、（中略）近現代の中国を触媒とする何らの必要をもたなかった（一三三頁）。

ただ知るだけの中国学に堕するとすれば（中略）結果的に、中国のあれこれを知ることだけを目的とした、あるいは中国への没入が自己目的化した、そのかぎりでもう一つの中国密着の中国学であるか、さもなければ自己の個人的目的の消費に終始するというかぎりで、もう一つの中国なき中国学であり、真に自由な中国学とは言いがたい（一三六頁）。

その書によると、溝口先生が目指した「真に自由な中国学」の目的は、「中国を世界構成要素の一つとして」、ヨーロッパ的原理を相対化し、「ヨーロッパをもその構成要素の一つとした多元的な世界」と

溝口雄三先生と（1988年）

して捉えることができるようになることである。この論点に関する議論は、本文の範囲を超えるので、ここでは触れないが、重要だと思ったのは、溝口先生が主張された「真の自由な中国学」の基本的な立場は、「中国を中国の内部から中国に即して見（ること）（中略）中国原理といったものを発見しよう」とするということである。この立場は、文化人類学が提唱する文化相対主義——個々の文化を尊重し、それぞれの内的価値を理解しようとする立場と通底しており、また、中国出身の中国研究者として、溝口先生が批判されている日本における中国研究の弱点は、私自身も時々感じていたのである。

本論文が掲載された後、溝口先生から、「村田雄二郎氏が最近あなたから面白い論文を送ってもらったと言いましたが、その論文を私にもお送りいただければ幸甚です。一九九五年四月二八日付」という手紙をいただき、さっそく郵送した。その後、「文中に言及された小冊子は日本で入手しにくいので、それらのコピーを送っていただけませんでしょうか」という葉書を受け取り、劉堡近くの市場で購入した小冊子を送付した。このような謙虚に学問に励む姿勢には、尊敬の念を抱かずにいられなかった。

本論文をご覧になった後、溝口先生は、私を「公共哲学」を討論する「公共哲学京都フォーラム」に紹介して下さり、第七回研究会で「中国文化における公と私」について報告させていただいた。文化人類学的な方法論や視点からの研究は、他領域の研究者からも興味を寄せられた。中国における「公」と「私」の価値観が、研究会での学問横断型の対話を通して、イギリスの「public」や日本の「公《おおやけ》」などの観念と比較されることで、その特徴がより明確となった。このような文化の相互比較を通してそれぞれの文化を相対化することは、溝口先生の提唱された「多元的な世界」認識を深めるための方法の一つであると言えるだろう。

溝口先生との交流は、現地調査で得た事実をもとに思索を続け、試行錯誤を重ねる私にとって大きな励みとなり、多くの知的な刺激を与えてくれたのである。

三、「儒教と民間信仰――福建省閩南地域の実地調査に基づいて」

(末成道男編『中原と周辺――人類学的フィールドからの視点』風響社、一九九九年)

1. 要旨

王朝時代に国家的イデオロギーとして機能した儒教は、孔子の名言「子不語怪力乱神」(子は怪力乱神を語らず)の通り、非合理的な怪異や超自然的な存在に関する言及を戒め、主として人間社会の倫理や道徳を論じてきた。孔子のこの言葉は、儒教における宗教信仰に関する立場を象徴しており、「怪力」や「乱神」を信奉する民間信仰は正統性を欠くものと見なされてきたため、これまで儒教と民間信仰との関連についてはあまり論じられてこなかった。

確かに、この状況は無理からぬところがある。

儒教と民間信仰は、まず、その関心の焦点や究極的な追及目標が異なるとされる。儒教は「窮理尽性」(理や人間性を究めること)を追求し、治世や社会秩序に関心を寄せるのに対し、民間信仰は主として個人や家族の「祈福消災」(福を祈り禍を避けること)に関心をもつ。前者が「高尚な思想」であるのに対して、後者は「下賤な信仰」と見なされ、儒教が正統的かつ支配的な思想体系であるのに対して、民間信仰は底辺部における周縁的な存在と見なされる。あるいは、儒教が「官」(王朝・政府)に認められたものであるのに対し、後者は何といっても民衆から自発的に生まれたものである。

だが、儒教と民間信仰に様々な相違点があるにもかかわらず、両者が同じ文化的風土や政治的環境の中に共存している以上、「治世」を主題とする儒教と「敬神」を主題とする民間信仰の間には、やはり内在的なつながりが存在し、儒教は民衆の神明への信仰心に影響を与えてきたのである。この点は、実地調査をした際に実感したものであった。

本論文は、実地調査で得たデータを基に、儒教と民間信仰との相関関係、前者の後者への影響を分析するものである。

2. 行間を語る

中兼和津次先生（当時東京大学経済学部）が主宰する日中共同研究に参加したことが、本論文を執筆するきっかけとなった。

一九九一年、中兼先生をはじめとする日本の中国経済研究者が、中国国務院発展研究センター農村部、農業部農村経済研究センター、中国社会科学院農村発展研究所などの機構に所属する研究者と共に「中国農村研究会」を結成し、笹川平和財団日中友好基金の支援のもと、三年間の共同調査・研究プロジェクトを進めた。主な研究課題は改革以後の農村経済であったが、基層社会の政治や社会生活の実態を把握するため、政治学者の小島朋之（慶応大学）、現代中国研究者の天児慧（青山学院大学）、文化人類学者である私も、研究会のメンバーとして招かれた。プロジェクト終了後、調査報告書『改革以後の中国農村社会と経済――日中共同調査による実態分析』が出版された（筑波書房、一九九七年）。

私は、二年連続して調査チームに同行し、福建省晋江地区、湖南省郴州地区での現地調査に参加した。報告書では、調査時間の長かった郴州の宗族と民間信仰について執筆したが、晋江にも大変興味を持ち、もっと深く調査したいと考えた。

その理由は、晋江では、遼寧の農村と異なり、宗教活動が日常的に盛んに行われていたからである。南北文化の差を感じたと同時に、民衆がどのような神々や神霊を信仰しているのか、信仰の背景や理由は何か、また、同じ共産党政権下でありながら、遼寧では許されないことがどうして福建ではできているのか、多くの疑問を抱いた。これらの疑問を自らの調査で解明したかったのである。

これらの疑問についての考察は、先に発表した「閩南農村における神々信仰　福建省晋江市農村での実地調査に基づいて」(『国立民族学博物館研究報告』二二巻三号、一九九七年)で詳細に論じた。本論文はその継続として、民間信仰に見られる儒教の影響、及び儒教と民間信仰に共通する現実主義的な態度について考察している。

実際、福建でも地元政府は、民間信仰を「封建的な迷信活動として」反対し取り締まる政策をとっていた。現地滞在中、地元政府が祭祀儀礼の会場を破壊し、設備や用具を強制撤去する場面に何度か遭遇した。だが東北農村の状況と違って、福建では民間信仰の歴史が長く、神々や神霊への信仰が民衆の精神世界に深く根付いているため、政府による民間信仰の抑圧や排除は広範な民衆の抵抗に遭い、彼らは日常の宗教活動を頑なに続けてきていた。民衆の前で、政府の圧力はしばしば効果を失い、不発に終わることもあった。

福建での実地調査で見た民間信仰の状況を、地元政府の横暴な態度も含めて費孝通先生に報告した際、費先生は「我々は民衆が頭の中で何を信じているのかを知るべきだ。どのような信仰であれ、信仰さえあれば良いことだ」とおっしゃった。

四、「現代中国の社会発展の中の中国朝鮮族」

（佐々木衛・方鎮珠編『中国朝鮮族の移住・家族・エスニシティ』東方書店、二〇〇一年）

1. 要旨

本論文は、一九九七から一九九八年にかけて延辺朝鮮族自治州で実施した共同研究による実地調査に基づいて執筆されたものである。

延辺の朝鮮族は、主に朝鮮半島での困窮した生活から逃れるため、中国の国境内に移住してきた人々によって形成された。朝鮮族にとって、中国は先祖代々住み続けた土地ではなく、祖父や父親などの近い世代、或いは自分自身が第一世代として辿りついた土地である。それにもかかわらず、「中国は現在、自分たちの祖国であり、自分たちは中国人である。自分たちの歴史的舞台は中国にある」と、ある延辺朝鮮族自治州の知識人は語っている。

本論では、中国社会に組み込まれてきた朝鮮族の現状、朝鮮族と韓国・北朝鮮との関係、朝鮮族の民族的自己認識、及び彼らが民族の歴史を語る際の特徴などについて分析している。

2. 行間を語る

一九九七年から、佐々木衛先生（神戸大学）を代表とする研究チームは、延辺大学と協力し、吉林省延辺朝鮮族自治州の朝鮮族の村々で現地調査を実施した。共同研究には伊藤亜人先生や、中央大学（当時）の園田茂人さんも参加していた。

村落での実地調査は、同じ村に入り、それぞれ農家を訪ねて聞き取り調査を行う形で進められた。食事の時間は常に意見交換のタイムとなり、各自が調査した農家の状況を共有し、議論を重ねた。移住の歴史や経済的事情に関しては、全員の着目点はほぼ同じであるが、社会生活の他の側面については、メンバーの研究歴の違いにより、注目する点や取り上げた事実、分析の角度が異なることがよくあった。例えば、華北の村落を研究してきた佐々木先生は、朝鮮族の家族関係を漢族の家族と比較し、韓国農民の祖先祭祀や家庭儀礼に詳しい伊藤先生は、朝鮮族の間では民間信仰や儀礼がほとんど失われていると指摘していた。また、私は朝鮮族の共産党員の話の中に滲み出た「革命的観念」に敏感に反応し、それを分析した。

このように、各メンバーがそれぞれの視点から取り上げた事実や分析を出し合うことで、朝鮮族に対する認識はより広い視野を持ち、理解も深まった。

各地の調査に基づいて、二〇〇〇年以後数篇の論文を執筆した。論文は、朝鮮族農家の移住史や、改革以降、各地に移動し分散化が進んでもなお強固に維持されている民族的ネットワーク、個人の民族的アイデンティティに焦点を当てたものから、中国近代史における朝鮮族や、朝鮮族と漢族との関係、政治的イベントとしての自治州成立記念行事など、歴史的、政治的、民族関係的背景を踏まえた巨視的な観点に至るものまで、幅広く論じた。一方、各論文の内容は異なっていても、自分なりの一貫した主旨を貫いている。

それは即ち、様々なルートを経て中国に移住してきた朝鮮族の人々が、漢族に囲まれる環境に身を置き、中国の国家的政治制度に編成されているという状況のもとで、国家への服従と民族の維持というジレンマを抱えつつ、懸命に民族的存在感を顕示し、アイデンティティを保持しようとしている姿を記述すること、また、朝鮮族の事例を通して、中国の民族統合や政治体系の特徴を考えることである。

詳しい説明は省くが、付け加えておきたいのは、この主旨は、朝鮮族の農民や、新聞記者、大学教員、都市の出稼ぎ労働者、企業家など様々な人々の話を聞くなかで、また、朝鮮族の学者が書いた朝鮮族の歴史に関する書物や人物の伝記、延辺自治州の新聞などの資料を読んでいるうちに、徐々に鮮明となってきたという点である。

五、「コメモレイションから民族を考える——中国延辺朝鮮族自治州の「九三」記念行事をめぐって」

(伊藤亞人先生退職記念論文集編集委員会 編『東アジアからの人類学——国家・開発・市民』風響社、二〇〇六年)

1. 要旨

中国東北部の吉林省東部に位置する延辺朝鮮族自治州は、一九五二年九月三日に成立した朝鮮族の自治州である。二〇〇三年現在、中国における朝鮮族の約四三パーセントにあたる八二万九〇〇〇人がここに居住している。「九三」記念行事とは、毎年、延辺自治州の成立記念日を中心に、およそ一ヶ月間にわたって行われる様々なイベントの総称である。

本文では、この記念行事の様子や、それに付与された様々な機能、及びそれをめぐる朝鮮族の動向を考察した。また、これらを手がかりに、朝鮮族の民族としての存立環境の諸側面や、民族のダイナミズムについても検討した。

本論にかかわる実地調査は、延辺地域をはじめ、一九九〇年代以後、朝鮮族が多く移住した北京、青島、上海、深圳といった中国国内の大都市、さらに韓国のソウル市で行い、二〇〇二年の自治州成立五〇周年の記念行事にも参加した。文献資料としては、『延辺日報』(自治州共産党委員会機関誌)などの地元紙と、自治州政府関係部門や延辺大学などによる出版物を利用した。

2. 行間を語る

中国朝鮮族は、十九世紀以降、朝鮮王朝や日本の植民地支配から逃れた流民によって形成されたため、移住の歴史が比較的短い。また、他の少数民族と比べて、韓国や北朝鮮といった自民族の国家が国境を越えて存在する「跨境民族」という特徴を持つ。このため、朝鮮族の中国国家との関係は、内外から暗黙のうちに問題視されがちである。二心あるという疑念を避けるために、朝鮮族自治州政府をはじめ、各レベルの朝鮮族自治体や個人に至るまで、中国への帰属意識や、共産党及び中央政府への忠誠心を自主的に表明する傾向がある。一方、朝鮮族が民族的な帰属意識をより強く持っていることも、自他ともに認められている事実である。

二〇〇二年九月三日、私は共同研究チームのメンバーとともに延辺朝鮮族自治州成立五〇周年の記念式典に参加したが、これらの特徴に関連する様々な現象が非常に印象的であった。

式典には、中央政府をはじめ、様々なレベル・各方面の政府機関から多くの来賓が出席した。例えば、中央政府からは、共産党中央委員会の各機構を筆頭に、「民主党派」と呼ばれる各政党、国務院の経済、教育、「計画生育」（人口管理）、女性連合会、共産主義青年団などの部門の代表が参加していた。これにより、朝鮮族が国家の政治制度に組み込まれていることや、中国における少数民族の自治区域が「民族自治」的な地域共同体というよりも、国家権力の一地方政府であることが明確に示されていた。

「繁栄する延辺」というタイトルのもと、一万三〇〇〇人に及ぶ大規模なマスゲームが上演されたが、ここでも朝鮮族の民族文化が過度に強調されることは避けられ、「延辺地域」「延辺人民」といったキーワードが強調されていた。朝鮮族の特色は「延辺」や「長白山」（白頭山）といった言葉で婉曲に表現され、これらの代替語が朝鮮族の居住地や朝鮮族そのものを想起させるものとなっていた。

式典には、延辺出身の国家や省政府の幹部、各界の朝鮮族著名人が招かれた。また、私たちの事前調査によると、式典のために各地に移住した朝鮮族から多額な寄付金が送られていた。これらのことから、定期的に行われる記念行事が、分散している朝鮮族の民族帰属意識を喚起する機能を果たしていると感じた。

総じて、朝鮮族の民族集団の存続や、漢民族を主体とする中国における彼らの位置づけは、国家の政治体制や民族政策、さらに中国と朝鮮族の出身国である境外の民族国家との関係に大きく左右されている。九三記念行事は、こうした朝鮮族と中国の民族事情を如実に表している。

本文には書かなかったが、ここで一つのエピソードを紹介したい。記念式典の後、私は自治州政府文化局のある幹部にインタビューを行った。彼はマスゲームの創作に携わった舞踊家であり、マスゲームは「長白頌」「繁栄頌」「未来頌」の三幕から構成され、「延辺人民は長白山の麓にある延辺の大地を開拓し、自らの手で社会の繁栄をもたらし、壮麗な未来への道を切り開いたということを讃えることが主題です」と、説明してくれた。また、彼自身が最近創作した舞踊が全国少数民族舞踊大会で優勝したと誇らしげに語った。その舞踊は「忠誠」というタイトルで、国境守備軍の戦士が祖国に忠誠を誓い、職務を全うしているという内容であるという。

その後、私が北京出身であることを知ると、彼はすぐに自分の妻と娘がいま北京にいて、これからヨーロッパに移住する予定だと何気なく話した。一家はすでにヨーロッパへの移住を決めており、奥さんと娘さんが先に旅立ったとのことだった。

この話は私にとって意外であった。しかし、その意外性は、国外への移住そのものではない。どこで生活するかは個々人の自由であるのだ。意外に感じたのは、彼が公的には祖国の繁栄に貢献し、忠誠を誓うことを謳った壮大な演目を創作しながら、私的にはこの国を去ることを選択していたことである。しかも、その矛盾を抱える言葉をほぼ同時に口にしたことが、意外性を深めた。もちろん、彼を責める意図はまったくない。

しかし、この一件は私には考えさせられるものであった。抑圧的な政治体制や、高圧的で教条的なイデオロギーの大言壮語のもとでは、人々の公的な行動と私的な選択、そして口にする言葉と実際の行動が分離しているのは、彼だけではなく、より普遍的な現象ではないだろうか。

二　中国民衆の戦争被害——記憶へのアプローチを探る

はじめに

一九九八年から、中国民衆の戦争被害記憶に関する実地調査と研究を開始し、湖南省常徳地域で日本軍による細菌戦の被害を考察し、被害者の記憶の聞き取り調査を八年にわたって行った。また、二〇〇六年から、四川省重慶市や楽山市で、日本軍の重慶爆撃に関する被害調査を実施した。

この部に収録された著述は、これらの調査と研究に基づいて執筆したものである。

一、『中国民衆の戦争記憶——日本軍の細菌戦による傷跡』（明石書店、二〇〇六年）

1. 概要

本書は、湖南省常徳地域が受けた日本軍による細菌戦被害の実態や、被害記憶の保存、賠償訴訟などの関連事実を、自らの現地調査に基づいて体系的に紹介した。

下記の各章によって構成されている。

1. 民衆の戦争記憶を「歴史」にする
2. 常徳という地域
3. 記憶にある細菌戦被害
4. 命を全うしようとする文化の悲哀
5. ペスト発生後の民国政府の対応と民衆社会
6. 細菌戦被害のその後
7. 被害記憶の保存

終章. 民衆の戦争被害記憶の力

細菌戦の被害記憶を研究してきた一学者として、深く感じたのは、一人ひとりの話の重み、無念の死

『中国民衆の戦争記憶』（2006 年）

を遂げた被害者の命と人間の尊厳の重みであった。また、この大切なものが、長い間、いろいろな理由により忘却され、人々が正面から向き合うこともなかった。そのような状況の改善に向けて、自分も責任を負っていると自覚している。

2. 行間を語る

旧日本軍の細菌戦による中国民衆の被害記憶に関する現地調査は、一九九八年の夏にスタートし、毎年一～二回現地を訪れ、被害者に対する聞き取りや被害地の村々の考察を行った。二〇〇六年に研究の成果をまとめて本書を出版した。

二〇一〇年、歴史学研究会の年度大会「現代史部会」にコメンテーターとして招かれた。発表者の山本唯人氏と飯島みどり氏は、それぞれ東京大空襲に関する記憶と植民地戦争としてのスペイン内戦に関する記憶について報告した。私に求められたのは、「文化人類学の視点に基づいた記憶へのアプローチを踏まえたコメント」であったため、細菌戦被害記憶研究に取り組んできた私自身の自覚と問題意識、研究方法論を紹介したうえで、発表者に対するコメントを行った。ここでは、そのコメントの前半を引用し、「行間を語る」としたい（「コメント2」『歴史学研究』No.八七二、二〇一〇年）。

ご紹介いただだいた東京女子大学の聶莉莉でございます。文化人類学者として、歴史学研究会でコメントをするのはやや場違いに感じ、心細さもありますが、企画趣旨文に示された問題意識に共感し、「比較史的な議論の場」での意見交換に参加したいと思い、コメンテーターをお引き受けしました。

私に求められたのは、「文化人類学の視点に基づいた記憶へのアプローチを踏まえたコメント」ですので、旧日本軍による細菌戦に関する中国民衆の被害記憶についての私自身の研究を踏まえながら、コメントさせていただきます。

1．記憶の研究に関する研究者自身の「自覚」意識

現代史部会の企画趣旨文には、記憶の研究に関する研究者自身の「自覚」意識について、次のような問題提起があったのではないかと、私なりに読みとりました。

①「現代史における記憶の問題系が持つ意味とそれを分析する方法論」に対する自覚
②研究者と分析対象である記憶問題との関係性に対する自覚

③研究者自身や、その研究視点を規定する現在の時代状況に関する自覚
④時代状況と関連するものとして、記憶をめぐる抗争の過程に促された歴史研究の新たな課題への研究者の応答の仕方に関する自覚

これらの諸問題は、ほとんど私自身が細菌戦被害記憶研究に取り組んだ最初から考えてきたものでもありました。細菌戦国家賠償訴訟を援助する日本人市民団体からの依頼を受けて始めた被害者の記憶に関する研究には、当初から多くの戸惑いがありました。まず、人類学の領域では、現代戦争に関する先行研究や確立された研究方法がほとんどありませんでした。また、研究仲間を募った際、「日本人にとってあまりに重い課題だ」とか、「政治に近すぎる」といった理由で断られました。そして、原稿が完成した後も「これは学問ではない」と言われたことがありました。

このような状況のもとで、一九九八年から被害地の一つである、湖南省常徳という地域で度重なる実地調査をしながら、被害記憶の意味を考えてきました。

民衆の被害記憶は、次のような性格をもつものと考えられます。

①戦争が人間社会や人間そのものにもたらした打撃を重苦しく残す記憶。その記憶に基づいて再構成した戦争被害像は、甚大で惨たらしいものです。この地域で確認できた七六四三名の死者は、四つの省、一三の県、七〇の郷鎮、四八六の村に分布していました。中には、三七一名の父系血縁集団の宗族が一名のみ生き残る以外、全員死亡したという悲惨な事例もありました。

②細菌戦を一つの歴史的プロセスとして捉える場合、その前半、即ち細菌戦の計画、部隊編成、研究と生産の体制、実施などに関しては、すでに歴史学者によってかなりの程度明らかにされています。しかし、その後半、即ち細菌戦が実施された後の人間社会に対する影響に関する研究は、ほとんど空白のままでした。被害者の記憶は、その空白を補うことを可能にしました。
③加害者に直視されていない記憶。戦後、細菌戦の技術がアメリカに接収されたことにより、この戦争犯罪の事実は封じられ、日本政府も長い間沈黙を続け、未だに公式に認めていません。
④自国である中国の国家的イデオロギーや政治体制によっても抑圧された記憶。国家賠償訴訟に至るまで、被害者や遺族の心の中に秘められ、公の場にほとんど出ることがなかった、「記憶の場」が存在しない記憶です。
⑤草の根のレベルの国際的市民協力によって行われた国家賠償訴訟により、掘り起こされた記憶。
⑥歴史研究や学問において不問に付されてきた民衆の記憶。

このような記憶に直面し、一個人として被害者から目を背けることはできませんでした。学者として、彼らの記憶をＥ・Ｈ・カーが『歴史とは何か』で述べた「現在と過去との対話」という意味の「歴史」に取り入れ、歴史の研究領域において正当な位置を占められるよう努めました。

2. 時代に対する問題意識と学問研究

研究対象の意味を十分に感じ取ったとしても、研究者が直面するのは、いかに学問的に取り組むかという問題です。

ちょうどそのとき、福田歓一氏が東京女子大学で行った丸山眞男に関する講演を聴き、その中で紹介された丸山眞男の視点から大きな啓発を受けました。丸山は、恩師南原繁のライフワークである『フィヒテの政治哲学』を紹介する文章において、南原の研究姿勢を「超学問的な動機が厳密な学問的操作を推し進め、現代に対する切実な問題意識が純粋な歴史的研究と奥深いところで契合した」と高く評価しました（『丸山眞男とその時代』岩波書店、二〇〇〇年）。研究者が学問を超えて「現代に対する問題意識」を持つことが重要である一方、それを「厳密な学問的操作」と結びつける必要があり、時代の要請や市民運動の現場からの問いに対して、「純粋な研究」と冷静な思考を通じて答えることが求められると思いました。

一方、研究の過程では常に二つの面から緊張感を覚えました。一つは、民衆の戦争記憶の膨大さと甚だしい重さに対するもので、記憶の持ち主たる人間の体験や感情をできるだけ深く感受し、理解しようとしました。もう一つは、個々人の多岐にわたる話をいかに客観的に検証し、それを全体の構成の中にいかに位置づけ、個人を超える歴史的文脈の中でいかに捉えるか、に関する緊張感でした。研究作業は、この両者の間で往復することを繰り返しながら進めてきました。

3．文化人類学的視点からの戦争被害記憶の研究

具体的には次のような視点が貫かれたと思っています。

第一に、個々人の回想をつなぎ合わせることで、地域における細菌戦被害の全貌へ近づくことです。記憶に残る戦争被害現場の生々しい状況を掬い上げることにより、戦争が人間社会に残した深い傷跡は可視的になります。

第二に、個々の被害体験に含まれる豊かな民俗文化的内容を読み取り、文化を介しての戦争による破壊の連鎖という仕組みを明らかにすることです。

第三に、個々人の活動に基づいた社会史的研究を行うことです。地域社会の様々なアクター、例えば、個人や家族、親族、保甲、郷鎮公所、県政府、町、市場経済などを紡ぎ合わせることで、当該地域の社会的・経済的・政治的構造を理解し、社会形態を介しての戦争による破壊を明らかにすることです。

第四に、社会的文化的背景に目を向けながらも、個々の人と向き合い、一人ひとりの記憶を記録し描き出すことで、人間の心理や人生に刻まれた戦争の爪痕を直視することです。

研究方法は、基本的にオーラルヒストリーの聞き取り調査と分析ですが、被害発生地の村々や郷鎮、町、宗族の墓地などでの現地考察や、檔案資料、個人手記などの史料分析も併用しました。

歴史学における関連研究はたいへん参考になりましたが、同時に、それらの研究内容を自身の記憶研究の所見と照らし合わせて総合的に検討しました。例えば、歴史学の研究では、政府の報告書や会議の議事録に基づいて防疫体制や防疫対策のあり様を明らかにしました（例えば、江田憲治「国民政府の防疫戦――一九三八～四五年」『戦争と疫病――七三一部隊のもたらしたもの』本の友社、一九九七年）。

芦荻山郷伍家坪村で細菌戦被害者の聞き取り調査（1998 年）

私は歴史学者の提示した史料から、一年半もの間同じ防疫対策の議題が繰り返されていたこと、防疫対策の実施がたいへん困難なことを確認しました。なぜこれほど困難だったのか。この問いに対して、私が記憶研究から読み取った、死の儀礼、他界観、医療観、身体観などの風俗習慣や民間信仰が、民衆の防疫対策への抵抗行動を支えているという関係性が、その答えだと確信しました。このように、自らの記憶研究から得た見解と歴史研究による見解との整合性ができたことで、記憶研究が歴史研究にとって有意義であることを再認識したとともに、文化と戦争、防疫との関係性に対する認識も深まりました。

二〇〇八年にサバティカルイヤー（勤務先の大学から付与される研究休暇）を利用して滞在したケンブリッジ大学で上記の研究を発表した後、「六〇年以上も前の戦争被害記憶を現代において蘇らせることで、歴史的事実が見えてきたばかりではなく、国際関係や国内の政治構造なども露呈してきたのが分かりました。ところで、あなた自身はいったいどこに立っているのですか」と質問されました。それに対して私は、「ありのままの記憶が自動的に歴史的事実や現在における複雑な関係性を提示するわけではありません。記憶はより体系的に整理され、相互関連的に構築されることによってはじめてそのような役割を果たすことができると思われます。私はこの記憶による構築物の背後に立っています」と答えたことを覚えています。

学問の叡智を借りて戦争被害の「記憶による構築物」を作り上げたのは、単に過去の惨烈な歴史を再現するためでも、加害者の責任を追及するためでもない。この「構築物」には、ぜひ戦争と社会・文化、戦争と人間との関係を考えるためのプラットホームになってほしいと願っている。それは、加害民族か被害民族かという溝を越えて、共に考えるための土台となるものである。また、一つの架け橋になってほしいと願っている。それは、細菌戦の被害を実際に体験した人々と、それを経験しなかった人々との間、個人の記憶と、それに対する「創造的理解を展開する集合的空間」（多木浩二『戦争論』一九九九年）との間、さらには過去と現在との間にかける架け橋である。

八年間にわたる細菌戦被害調査を通じて深く感じたのは、被害者の尊厳を回復する唯一の道は、歴史の真実に近づき、彼らが受けた災難を認めるということである。二〇世紀の後半から今日に至るまでの日本や中国、アメリカ、カナダ、イギリスなど様々な国の人々や市民団体の努力、そして相互の交流と協力により、それに向かって確実な一歩が踏み出された。旧日本軍による細菌戦の実施と、それがもたらした絶大な破壊に関する一連の事実がかなりの程度で究明された。この究明の過程では、歴史的事実を再構成するために惜しみない努力が注がれ、その根底には、人間の尊厳、屈辱的にこの世を去った被害者たちの命の尊厳を肯定する意志があり、被害者の心身に刻まれた精神的歴史的傷痕を見つめる勇気と配慮があった。このような意志、勇気と配慮こそが、平和な世界を築くための礎であると感じている。

二、「被害者の被爆体験」

（戦争と空爆問題研究会編『重慶爆撃とは何だったのか——もうひとつの日中戦争』（高文研、二〇〇九年）

1．要旨

一九三八年から一九四三年にかけて、日本軍が中国四川省重慶市及び周辺の町に対して行った無差別爆撃は、「戦政略爆撃」（政戦略爆撃とも表記）という名称で公式に実施された、世界初の「意図的、組織的、継続的な空中爆撃」であり、二万人以上の民間人の死傷者をもたらした。

本文は、五名の被爆体験者の証言や彼らに対する聞き取り調査に基づいて執筆されたものである。爆撃は、被爆者から最愛の家族を奪っただけでなく、彼らの人生そのものを一変させ、本来夢見ていた人生を無残に打ち砕いた。にぎやかだった家族は離散し、勉強好きだった子は学校に通うことができなくなった。裕福な家で育った子どもも、街頭で物をもらったり野菜のくずを拾ったりするような生活を強いられた。身体に傷や障害が残るだけでなく、心にも深い傷を負い、トラウマや性格の変化までも引き起こしたのである。

2．行間を語る

「重慶爆撃」と呼ばれる五年半に及ぶ無差別な空爆は、一万人以上の死傷者を出し、人々に消えない痛ましい記憶を残した。

二〇〇六年三月、重慶爆撃の被害者（遺族及び爆撃で負傷した本人）が原告となり、加害者日本国に謝罪と賠償を求め、東京地方裁判所に訴訟を起こした。

同年八月、私は日本人弁護士による弁護団や裁判を支援する日本の市民団体とともに現地調査に入り、重慶市及び楽山市で被害者と対面して、爆撃当時の状況や、被害を受けた後の家族生活、本人の人生について聞き取りを行った。本論文、及び重慶爆撃の損害賠償請求訴訟の原告八五名のうちの「空爆孤児」四三名の陳述書に基づいて執筆した「重慶爆撃における空爆孤児の被害体験」（『カラー映画に撮られた重慶大爆撃』NPO法人　都市無差別爆撃の原型・重慶大爆撃を語り継ぐ会編、二〇二三年）は、被害者の証言を忠実に記録し、彼らの悲惨な空襲体験とその後の苛酷な人生をリアルに描き出し、無差別な爆撃の非人道性や、人間社会と人間そのものにもたらした甚大な破壊の証左となった。

二篇の文末に、戦争被害記憶の現代社会にとっての意義、そして被害記憶を記録し、被害者の証言を世に出すことの意義を次のように述べた。

被害者を苦しめた爆撃体験は、他の戦争被害とともに、人類共通の負の遺産であり、戦争のない未来のために多くの示唆を与えるものである。

歴史の悲劇を再び繰り返さず、戦争被害をこの世界から根絶するために、私たちは持続的に努力する必要がある。被害者の声に耳を傾け、半世紀以上も彼らが抱え続けてきた身心の傷痕を理解し、彼らのまなざしに沿って想像力を働かせながら爆弾が炸裂した当時の人間社会を直視することも、この取り組みの重要な一部である。

三　革命以後の政治体制——全体と個の座標軸を思索

はじめに

この部に収録した論文と著書は、いずれも革命以後の政治体制の中で生きる個人に焦点を当て、中国の政治体制を検討したものである。

二〇〇一年に執筆した論文一は、「結婚」をテーマとしており、政治体制には関連事実の背景として触れる程度にとどまっていた。一方、著書及び論文二は、二〇一〇年以後に本格的に取り組んだ革命以後の政治体制に関する研究成果を反映したものである。

最初の執筆からその後の研究に至るまでには十数年の時間差があり、それに伴い、政治体制への向き合い方にも変化が見られた。最初は、中国の政治体制を体験的、外面的に紹介するのであったが、後には正面から向き合い、歴史的事実を可能なかぎり幅広く検討することを通して、中国の政治体制の体質や全体像についてより深く思索することに至った。

一、「中国の社会主義制度における婚姻——体制と個人の決断」（東京女子大学女性学研究所編『結婚の比較文化』勁草書房、二〇〇一年）

1. 要旨

婚姻による人間同士の結びつきは、多くの社会において、出生とともに社会関係の基本的な紐帯を形成する重要な契機である。婚姻は当事者たちの生理的欲求に基づいているにもかかわらず、それぞれの社会や民族文化の規範によって規定されている。

そういう意味で、人間の社会生活を探究する文化人類学は、婚姻を社会的文化的現象の一つとして捉える。婚姻をめぐって、男女双方や、親族、関係者はどういう行動をとるか、その基本的形態の特徴は何なのか、当該社会や文化はいかに婚姻を規定しているか、などを把握することは、人類学における婚姻研究の基本的なアプローチである。

本文は、こうした文化人類学的視点から、中国の社会主義制度下——新中国成立から一九八〇年代初期までの婚姻の様子を紹介する。筆者がフィールドワークを行った中国東北地域の村落における婚姻や、北京という大都会に暮らす友人たちの事例などを取り上げる。これらの事例は、社会主義体制下で生活していた人々の婚姻がどのように政治的イデオロギーや公的組織に左右されていたのか、個々人の内面がいかに時代の風潮に翻弄されていたかを示す。

改革開放政策が実施された後、とくに一九九〇年代以降、「社会主義道路を歩み続ける」というスローガンを政府が掲げ続けているにもかかわらず、実質的に、中国社会は、経済や組織制度、個人の行動などの面において大きく変化した。そのため、現在の婚姻の姿は、本文で紹介したものとはずいぶん異なっていると言えよう。

2. 行間を語る

本論文は、勤務した東京女子大学で行われた、結婚をテーマとする総合講座での講義をもとに整理したものである。内容は、調査した劉堡の村人の事例に加えて、筆者自身の中国での見聞や個人的体験も取り入れている。ほぼすべての中国人が所属していた「単位」制度や、個人の恋愛や結婚までも管理する組織構造、また「単位」制度や戸籍制度によって「夫婦分居」が常態化していたこと、離婚に対する制限と偏見など、社会主義革命期の組織制度とそのもとでの婚姻の事情について述べている。

文末では、個人の自由が極端に制限され、恋愛や結婚が完全に公的機関の管理下に置かれた状況において、「個人と社会・集団、私秘性と公共性との関係のバランスが崩れ、国家や『単位』組織が強化される一方で、個人の自律性、行動の独立性、個人生活と感情の私秘性が否定された」と、全体主義的社会体制における問題点を指摘した。

二、『「知識分子」の思想的転換——建国初期の潘光旦、費孝通とその周囲』（風響社、二〇一五年）

1．概要

新中国の成立初期、共産党政権下で展開された最初の二つの政治運動、即ち「政治理論学習」と「土地改革」を通じて、民国期知識分子層、約一五〇万と言われる人々が集団的に「思想転換の任務」を遂行し、「旧思想」を「革命思想」へと転換させた。

本書は、これらの政治運動における「知識分子」に焦点を当てて考察している。具体的には、知識分子層の中核を成す欧米留学経験者である「高級知識分子」に注目し、共産党政権との最初の接触期において、彼らが新政権や政治運動にいかに対応したか、いかなる政治的・社会的状況の中で自己変革を余儀なくされたかを探究し、また、その後、彼らの社会や、歴史、政治に関する言論が民国期と比べてどのように変化したかについても考察している。

ダイナミックな歴史的現場に接近するために、当時の主要な新聞や雑誌、大学校務委員会の議事録、個人の日記、年表、回想、著述など、広範な資料を利用した。様々な要素が複雑に絡みあう時代背景から知識分子の思想転換をめぐる文脈を追究するために、四つの次元において研究を展開した。

①研究対象となる個人の、時代に対する感知、行動論理、及び活動軌跡を追究する。

『「知識分子」の思想的転換』と中訳書
（2015年、中訳書は2018年）

②個々人の思想転換に対して直接的・間接的に影響を与えた、マクロからミクロまでの様々な要因を整理する。
③知識分子が著した文章を通じて、彼らの歴史観、社会観、個人観、思考様式の変化を分析する。
④知識分子を共産党に傾倒させた新政権の土地改革の思想と政策を、中国農村の社会現実と照らし合わせて考察する。

二つの政治運動を皮切りに、知識分子の思想改造はその後も絶えず行われた政治運動において継続されたが、それでも、彼らは共産党政権に終始信頼されることなく、あくまでも「革命思想のレトリックに熟達した局外者」であった。

あらゆる「異見」を排斥し、あらゆる人の考えが政権の思想へ帰依しなければならない。この体質こそが革命政治の特徴であり、知識分子が思想的転換を強いられた根本的な原因であった。このような政治体質のもとで、多くの知識人が命を失った。

本書は次の一文で締めくくっている。

かけがえのない人間の命。独自の思考と「私の学問」を守りぬこうとすれば、命を代償にしかねないような環境。現実としたたかに切り結び、付き合う道を歩む以上、自らの思考の結晶である「私の学問」を「安全な路線」側に置き去りにするしかなかった。

2. 行間を語る

二〇〇〇年代に入ってから、これまでの実地調査で感じた、種々の社会現象や個々人の運命の背後に存在する政治体制の問題を取り上げたいという思いが徐々に強くなり、二〇〇六年に「中国的全体主義下の個人と人民」というテーマで科研費を獲得し、模索をし始めた。

その間、「師を語る」で述べた、費先生の『郷土中国』や『経歴、見解、反省』を読んだ際の衝撃が自然に蘇り、先代の知識人が中国社会の体質や政治体制をどのように見ていたのか、革命体制下でどのような境遇に置かれていたのか、もっと知りたい気持ちが強くなった。私は、『潘光旦文集』(全一四巻、一九九三―二〇〇〇年、潘光旦*先生は費先生の師である)、『費孝通全集』(全二〇巻、二〇〇九年)などを貪るように読み、特に潘が一九三〇〜四〇年代に書いた民主政治、民主社会、個人の自由に関する論述に深く感銘を受けた。

先輩学者の中国の歴史、王朝政治の伝統、国民性に関する洞察力や、近代西洋の政治・社会思想を選択的に応用しながら内外を比較する視野の広さと見識に敬意を抱いた。同時に、私自身、そして私たち世代は、先輩学者たちが心血を注いで築いた学問に無知であり、学問の継承に重大な障害をきたしていること、世代間の断絶が生じていることを改めて痛感した。先輩たちの知恵や思考を受け継ぐことは、学問の継続的発展や、中国社会の健全な進歩に有益であるのに、革命勝利の直後から、彼らを思想改造の対象とし、多くの人に反動的勢力──「右派」のレッテルを貼り付けて批判することで、民国期の思想が一掃され、あたかも存在したことがなかったように闇に葬りさられてしまった。

この断絶は、世代間の学問伝承という問題を超えて、現代中国の政治を理解するうえで重要な鍵となるのではないかと考え始めた。

それで、知識分子の学問と思想が、革命後にどのような政治環境や組織体制のもとで、どのような勢力によって、どういう手法で封じ込められたのか、当時の知識分子たちの反応と態度はどうであったのか、その後の彼らの境遇や運命はどのように変わったのか、などを調べ始めた。

研究対象は、潘光旦・費孝通の両先生が所属していた清華大学に定めた。清華大学は、民国期には北京大学と並ぶ中国国内有数の国立総合大学であり、一九四九年の革命勝利時には、一五〇万人の知識分子の中核とされる欧米留学の経験者が集結していた。考察する時期は、一九四九〜五二年に焦点を当てた。目的は、新生の共産党政権下で展開された、知識分子の思想を改造する二つの政治運動、「政治理論学習」と「土地改革」における知識分子を考察することである。この二つの運動は、知識分子が共産党政権のもとで歩む長い思想改造の道の始まりであり、そこで彼らは思想的転換の第一歩を踏み出した。

研究の成果をまとめた『「知識分子」の思想的転換──建国初期の潘光旦、費孝通とその周囲』の第一章(二八〜二九頁)に、私は以下のように記した。

本書は、一つの歴史時期における知識分子の姿勢や言動に対する考察を通して、革命勝利直後の知識分子の思想的転換の足どりを明らかにするのみではなく、共産党政権の教育界思想界のコントロールに乗り出す方法や、共産党の政治的思想的統合のメカニズム、共産党の中国農村社会認識など、政治体制や思想統制、政治思想そのものに関する諸問題の考察にも「投石問路」してみる。

建国初期に焦点を当てて研究する理由について、「まえがき」に述べた以外、もう一言述べたい。筆者の問題意識のコアにあるのは、革命の体質やその思想的特徴を相対化することである。中国の伝統思想や西洋の民主主義、現代思想に学問の源流をもつ、「異質」な知識分子が共産党政権下に身を置かざるを得なかった最初の時期こそ、知識分子に深く内省させ、思想的転換を猛烈に促した革命の「衝撃力」や、迎える「新」と放棄せざるを得ない「旧」との対峙がより明確であり、言わば、革命と向かい合うもう一つの「座標軸」が存在したわけである。この対比を通してこそ、革命の「すがた」を浮かび上がらせるのではないかと思う。

「革命のすがたを浮かび上がらせる」こと、「革命の体質やその思想的特徴」を認識することは、文革が終結した直後、「頭が自分の肩にしっかりと戻ってきた」と実感して以来の宿願である。それは、私が育った環境、さらには私自身に対する認識ともつながる。

＊　潘光旦（一八九九〜一九六七）、民国期に成長した近代中国知識人を代表する一人である。早年アメリカに留学し、生物学、優生学、遺伝学などを学ぶ。帰国後、光華大学、復旦大学、清華大学社会学系で教鞭を執った。建国初期、潘は清華大学の教授であり、校務委員会委員、図書館長、社会学系主任を兼任していた。一九五二年に社会学が共産党政権により廃除された後、中国民族学院（現・中央民族大学）に配属され、文革中に迫害を受けて死去した。

三、「時代潮流における「選択者」「抗う者」――潘光旦一九四七~五〇年日記を読解する」

（東京女子大学紀要『論集』七〇巻二号、二〇二〇年三月）

※原文は中国語、「時代大潮中的〝選択者〟〝挣扎者〟解讀潘光旦一九四七~五〇年日記」。要旨は『論集』掲載文の翻訳である。

1. 要旨

共産党政権と実際に接触する最初の時期に、潘光旦は短期間ではあるが、共産党政権の画一的な政治統制、知識分子に対する思想改造、そして大学に対する政治的干渉に対して孤独に抵抗していた。

本文は、新中国初期の潘光旦に注目し、この時期の潘の日記を読解し、潘の姿に近づき、彼の内面世界を理解すると同時に、彼の孤独な抵抗の向こう側にある、個人では抗うことのできなかった時代のうねりや巨大な政治的圧力を分析する。

潘光旦の日記（一九四七年一月一日~九月二日、一九四九年八月一三日~一九五〇年三月六日）は、激動の時代における一人の学問の大家に関する貴重な記録である。日記では、解放軍に接収された後の大学で展開された政治理論学習運動の状況や、大小様々な規模の会議と「人格点検」の集団活動に対する感想などが綴られ、読書、翻訳、書籍購入などの日常も記録されている。日記から、潘は、いかに時代の潮流に対応していたか、共産党政権の思想や組織体制をどのように捉えていたか、自分自身の位置づけをいかに定め直したかを読み取ることができる。

　この時期、周囲の知識分子は新政権に追従し、マルクス主義理論の学習に積極的に取り組んで「思想の進歩」を追求し、「旧社会」から持ち込んできた思想を転換させようと努めていた。周囲と対照的に、潘は頗る消極的で、静かに抵抗していた。但し潘は、革命思想を一概に退けたわけではなく、かねてから主張してきた「匯」、即ち「百川帰海」（もろもろの川が海に流れ入る）の如く、様々な思想的源流を受け入れるという姿勢を依然として保持し、独自の方法でマルクス主義を探究し学習した。そして、潘は内心に異なる見解をもっていても、儒家の中庸や調和の態度で巧みに時代との衝突を避けて、時には流れに沿って進みながら事の成り行きに対応した行動もとった。一方、困難や孤独な状況のもとで、日記には時代に「落伍」したことにより生じた内面の葛藤や喪失感を吐露する文章も残している。

　筆者は、共産党に追従する大多数の知識人と異なっていた潘の行動の原因を彼の社会思想によるものとして捉えた。特に彼の行動は社会思想における民主主義社会の「個人観」と一致しており、潘がかつて提唱した個人が時代潮流に対して「選択者」「抗う者」であるべきという理念を彼自身が実践していたと考えたので、潘の行動を理解するために、関連する社会思想を整理した。

　本論文は以下のように構成した。

はじめに
1．一九四九年における教育領域及び知識分子の変化
2．政治理論学習に消極的な潘光旦

3. 共産党流の政治統合の手法に対して
4. 潘光旦の民主社会論
5. 潘光旦の個人論
6. 自らの位置づけと志
7. 読書・図書購入・翻訳に見られる変化
むすび

本論文は当初、潘が教鞭をとっていた清華大学（北京）の学術誌『社会学評論』「潘光旦生誕一二〇周年記念特集」に寄稿する予定であったが、現政権の言論や出版に関する厳しい検閲下において、出版社からは「敏感な政治問題」と見なされ、掲載を拒否された。本学（東京女子大学）の『論集』に発表する機会を得たことで、筆者は潘光旦に倣い、海外にいる身でありながら、「抗う者」を実践してみたい。

2. 行間を語る

建国初期に、潘光旦が短い期間ではあるものの、共産党政権による知識分子に対する思想改造に孤独に抵抗していたことは、私がこの時期の潘光旦の日記を精読した際に得た印象であった。

一九四九年五月から六月にかけて開始された革命思想の「政治理論学習」キャンペーンの期間中、潘は日記に全員参加の学習会のことを淡々と短く記している。例えば、「学習に参加したが、特に面白みがなく、記すべきことはない」、「大雨が降ったため、欠席届を出して参加しなかった」と述べており、冷ややかな態度がうかがえる。潘の態度は、熱心に革命理論を受け入れようとする周囲の教員とは鮮明な対照を成していた。しかし、その後まもなく、正確には翌年、潘もしだいに自身の矜持を捨て、共産党政権の呼びかけに応じて江蘇省南部農村を訪れ、進行中の土地改革運動を考察した。階級闘争論や土地改革政策に賛成し、『蘇南土地改革訪問記』（生活・読書・新知三聯書店、一九五二年）を出版した。

潘の日記を読む前に、私は潘が一九四〇年代に出版した『自由の道』（一九四六年）と『政学罪言』を（一九四八年）読んでおり、彼の政治や社会に関する思想、特に民主主義、自由、個人に関する見解に深い感銘を受けていた。そのため、政治理論学習に対して示した潘の消極的な態度は、彼のこれまでの思想と無関係ではないと考えた。この経緯から、私は潘光旦の民国期の社会思想に注目し、その整理に力を入れた。一方で、『蘇南土地改革訪問記』の分析も行い、共産党の理論、特に階級闘争論を用いて蘇南の階級区分や、階級関係、土地制度、土地改革を論じ、従来の思想とは異なる論調に転じた時期の潘についても考察した。

こうした両方からの分析の成果は、拙著『「知識分子」の思想的転換』に収められているが、潘の思想転換の直接的な原因や過程に関しては、一九五〇〜五一年の日記が残されていないので、彼の内面の変化を詳しく知る手掛かりは少ない。現存するこの時期の潘の文書の多くは「自己批判書」、即ち各種の会議での自己批判や、共産党組織に書かされた民国期の自身の思想に対する批判文である。これらは政府の檔案館に保存されているが、海外に在住する私はなかなか閲覧する機会が得られなかったため、転換の過程に関する考察は不十分なままである。

本論文は、焦点を潘の「抵抗」と従来の社会思想との関連性に当て、特に潘の民主社会論、自由論、個人論、そして時代の潮流に対する個人の姿勢に関する認識を整理し、彼を「抗う者」の立場に立たせた背景を探ることを試みた。潘の思想を、ぜひ中国国内の読者に紹介したいという思いが、本論文を執筆した動機の一つである。

民主社会とは何か、自由とは何か、時代潮流に対して個人はいかに行動すべきか。このような問いに対する潘の見解は、今日でも十分に啓発的であり、特に中国の人々にとって啓蒙的な意義を持つと考えられる。

リベラルな知識人潘光旦は、共産党政権の思想統制キャンペーンや、農民に熱烈に歓迎された土地改革運動、そして大多数の知識分子が共産党政権に追従していく時代の風潮において、最初は冷静さと矜恃を持っていたが、やがて外部の圧力が増大するにつれて、内面の葛藤が深刻となり、最終的には時代に迎合する道を歩んだ。それでも、一九五七年に右派とされ、文革の時代に迫害を受けて逝去した。潘の悲劇は、中国における一世代の知識分子の宿命の縮図でもあった。

四　日本社会に生きる——日中比較の視座を求めて

はじめに

　文化人類学者として日本での生活を、時々フィールドワークのような感覚で過ごしてきた。目の前の出来事や、人々の行動、人間関係、会話、そして歴史の人物やストーリーに、新鮮さを感じたり、好奇心を刺激されたり、また驚きや戸惑いを覚えたりして、カルチャーショックを受けてきた。

　こうした体験は、じつに様々な場で味わえた。例えば、息子の保育園生活から、日本の保育文化が知能の発達や価値観の伝授よりも、子どもたちの自主的な遊びや自然への感受性を大事にしているように感じられた。小学校のＰＴＡ活動や学校行事に携わる際に、親たちが事前に綿密に計画を立て、仕事を細かく分割し、当日おのおの分担しながら共にやり遂げるという協力行動から、日本人の協調性や実践力を実感した。また授業や卒業論文指導など日頃の教育活動から、日本人学生の多くが現象や事例から物事の仕組みや文脈を読み取ることが苦手で、抽象的思考という回路に馴染みが薄いという思惟的特徴を持つことが分かった。この日本的特徴は、中国のそれとは対照的であるため、より敏感に感じ取られた。

このように日本と中国の文化や社会や国民性の違いを自分なりに見出したとき、つねに私はそれを契機に、関連する日本の文化や歴史を調べたり、関連書籍を読んだり、またこれまで自分が気付かなかった中国の文化や歴史の側面について考えたりしてきた。

紙面の都合上、これらの体験を詳しく語ることができないが、いま取り組んでいる日中の政治文化の比較研究をめぐって、少し具体的に紹介しよう。

来日して最初の一年間、港区の白金台にある「東大インターナショナルロッジ」に滞在した。毎夕、社会勉強を兼ねて近くの住宅街を散策し、趣の良い家々の庭や建物に目を休ませながらハードな学習の後のくつろぎを楽しんだ。ある日、町の角に名も知らぬ石造りの神像を祀る、人の背丈ほどの祠を見かけた。苔が生えているちっぽけな祠宮は、周りの洒落た邸宅を背景にして古めかしく見えたが、奇妙なことに、現代的な景観に溶け込むように調和がとれている。その日の日記に、「大都会の住宅街の隅で、小さな古い祠が堂々とそこに佇んでいる！　伝統と現代は、自然に同じ空間に共生し居住者の社会生活に融合している。こういう事は、北京ではとうてい考えられないことだ」と、感想を書いた。これは、社会生活における日中間の差をはっきりと意識した最初の体験であった。

散歩道の最も遠い折返し地点に泉岳寺がある。年末時代劇の『忠臣蔵』とゆかりのある寺だと聞いて、泉岳寺を調べた。泉岳寺には、幕府により切腹処分となった赤穂藩主と主君の仇を討った四七人の赤穂義士の墓があり、さらに泉岳寺が徳川家康により創建されたことを知って、驚いた。日本の寺院が政治と密接にかかわり合っていたこと、そして為政者の幕府に処罰された罪人に戒名を与えたうえで、その亡骸を丁重に葬り供養を行ったことに、意外性を感じた。中国では、仏教や道教などの宗教は政治と縁が薄く、古寺名刹は深山幽谷にあり、僧侶の「出家」は「塵世」即ち俗世を遠ざけることを意味してきた。また、罪人に対する処罰は、古代から残虐を極める手段が使われた。本人に「凌遅」（手足を切り落としてから死に至らせる極刑）「五馬分屍」（人間の両手、両足、首を一匹ずつの馬に結びつけて体を引き裂く極刑）「車裂」（二両の馬車にそれぞれ片一方の足を縛りつけて人間を引き裂く極刑）などの刑罰を施すほかに、「三族」と呼ばれる父方・母方・妻方などの親族、そして友人や知り合いまでも生き埋めにしたり誅殺したりし、甚だしきに至っては「五毒葬」、即ち毒薬や荊棘《いばら》、刃物などと一緒に埋葬することをしていた。さらに、住居を壊し、祖先の墓も破壊する。史書を紐解けばこの類の記述はあまた見出せる。「族誅」すなわち一族を誅滅することは、秦代から「滅三族」や「滅五族」、「滅七族」、隋代に「滅九族」へと広げられ、明代には一時的に「滅十族」まで広げられた。

この一件からも、日本の宗教や歴史を中国的な発想で見たり捉えたりしてはならないことにも気づかされた。

一九九二年の暮れ、福岡にある西南学院大学に翌年赴任することが決まったとき、留学以来お世話になった、父の建国大学時代の先輩である宇田博氏（歌「北帰行」の作詞作曲者）に東京を発つ前の挨拶にうかがった。雑談中、宇田氏は菅原道真のストーリーを紹介し、「菅原道真を祭神として祀る太宰府天満宮へぜひ見学に行きなさい」と勧められた。

さっそく菅原道真について調べ、赴任後、天満宮を訪れた。

菅原道真が政治的に非業の死を遂げた後、太政大臣の称号が贈られ、天満天神として崇められたということを、私はたいへん不思議に思い、日中両国の政治的営みにおける構造的な違いを感じた。

菅原道真のいきさつは、日本における怨霊信仰の深さと広さを物語っている。政治闘争に敗れて無念の死を遂げた者の霊魂が化した怨霊は、自らに無実の罪を着せた権力を握る勝者に天誅を下したり、世間に疫病や、飢饉、大火、日照り、落雷、水害、虫害などありとあらゆる天変地異をもたらす力があると思われていた。言い換えれば、権力者の身や人間社会に生じた災禍は、往々にして敗者の霊による報復だと見なされたわけである。怨霊や神霊の祟りに、民衆ばかりでなく、為政者も畏怖の念を抱き、その怒りと怨みを宥め、攻撃的な働きを鎮め、さらなる災禍を避けるために、亡者に官位を贈り、怨霊を神として祀り、そのための神社を造営し、祭礼を盛大に営むように努めた。

こういう状況から、往昔の日本の政治界では、登場人物として、生身の人間ばかりでなく、怨霊という霊的ファクターも参入していたと言える。人間の力で抵抗できないほどの破壊力と威力をもつ後者の前に、いかなる勝者・覇者・権力者も為す術がなく、宥和、恭順、崇拝しかできなかった。つまり政争の勝敗は、もはや現実世界の勝ち負けを最終結果として捉えることができなくなったのである。敗者は、肉体の生命こそ失ったものの、死と交換に人間を畏怖させる力を手に入れ、永遠の名誉と神聖な地位を得ることができた。それに対して、勝者は権力を失うわけではないが、後に祟りによって死に至ることもあり得るし、生き延びても驕りを抑え、敗者に褒賞を与えたうえで崇拝せざるを得なくなったりする。勝と敗は相互に入れ代わることが可能だった。

即ち、神霊の政治世界への介入により、権力者が超自然的な力に譲歩せざるを得なかったのである。

その構図から見ると、政治的権威は絶対的なものではなく、また、古来日本の政治文化は、相対的、変動的な性格を帯びており、権威は一元的ではないと言える。

日本と対照的に、中国の政治文化は、往古、およそ西周の時代（前一〇四六頃〜前七七〇）から神霊が政治の場を退場し、人治という統治形態をとり始めたために、現世的、世俗的性格が顕著である。また、秦以降の皇帝制とそれを支える官僚制や、漢以後、儒教が王朝の正統的イデオロギーとなり、思想的統制が重要視されるといった政治体制のもとでは、権威は一元的、絶対的なものである。皇帝と朝廷は政治の中心に据わり、その統治に脅威を与えるもの、また与える可能性があると思われるものを容赦なく鎮圧した。

同じく政治的に非業の死を遂げた人物の顛末を比較しても、日本との違いがはっきりと見えてくる。例えば、戦国時代の政治家、詩人屈原（前三四〇〜前二七八）は、讒言《ざんげん》にあい都から追放され、時世を憂えて絶望の果てに身を投じた。死後、地元では「屈子祠」が建てられ、笹の葉に包んだご飯（粽《ちまき》の由来と言われる）を川に投げ込むという記念活動が命日に行われてきたが、それは、政府によるものではなく、民間の活動として徐々に風俗習慣化された（端午節）ことであり、楚の地に古来の神霊信仰が濃厚に残されていたからこそ可能となったのである。そして、屈原が「憂国の士」「愛国詩人」と表象され伝承されて、為政者や王朝の政治的秩序に無害な存在となったことが、記念活動が今日まで継続できたことの要因だと考えられる。

有名な南宋の武将岳飛（一一〇三〜一一四二）は、金軍との戦争を主張し、和議派の宰相秦檜に謀反の口実で獄死させられた。後に朝廷は岳飛の名誉を回復し墓を建てたが、歴代の皇帝から「精忠廟」「忠烈廟」などの扁額が下賜され、「民族的英雄」として祀られた。つまり、岳飛は、国家の忠烈の臣として顕揚され、国家統治のイデオロギーに収斂された。

二人の例からも分かるように、政争の敗者の悲劇的死に対する政治的処理は、極めて現世的で、本人の抗争的な一面が取り除かれ、その不屈の精神は王朝統治の安泰のために利用された。

興味深いことに、同じく不当な仕打ちを受けて死んだ者の霊魂は、日本では「怨霊」と呼ぶのに対し、中国では「冤魂」と呼び、為政者が実施した大規模な誅殺事件を「冤獄」と言う。要するに修飾語として使われる漢字が異なる。字義から見れば、「怨」は、責める、恨むことを意味し、主体的、能動的ニュアンスを含む。「冤」は、着せられる無実な罪や、不当な扱いを受ける、損をすることを意味し、不当な仕打ちそのものに重点をおき、受動的ニュアンスが強い。

言葉通りに、中国では、冤罪を着せられた人や、冤獄の被害者たちは、残虐な仕打ちや、粛清のために掲げられた大義名分の前では、往々にしてなすすべがなく、「冤」を着せられたまま死を受けるしかなかった。

明代の「胡藍の獄」を例として見てみよう。これは、明代の数多くの冤罪において最大級の冤獄であり、その期間は一四年にも及んだ。明の太祖朱元璋は、建国の功臣である胡惟庸、藍玉を謀反の嫌疑で磔刑《たっけい》に処し、連座する「三族」をはじめとして側近や部下など四万五〇〇〇余人（三万人または五万人の説もある）を誅殺し、政権奪取の挙兵以来の功臣宿将は尽《ことごと》く殺された。殺戮範囲の大きさと持続した期間の長さは、人々を震駭させた。大疑獄の背景には、太祖が自らの皇帝権を確立しようとしたこと、そのためにも官僚機構の改革や刷新を進めたこと、財政に携わる官僚たちを斬首したうえでその財産を取り上げたことなどの要因があると考えられる。これほどの大粛清の後、官僚や士大夫は皇帝の命に唯々諾々と従い百依百順となった。

また、清代の「文字の獄」も見てみよう。「文字の獄」は、満州族出身の清王朝、特に初期の康熙帝、雍正帝、乾隆帝らが、清の政治統治に反抗的な言辞を書いた漢人を繰り返し弾圧した出来事の総称である。毎回本人を極刑に処し、死体を暴き、その著書を禁書とした。同時に、家族や一族も死刑や投獄に処し、出版の関与者や出資者も殺したのである。

いずれの疑獄事件も、誅殺された人の多さ、惨絶を極めたことを特徴とした。日本と比較して言えるのは、権力者がいくら非道な振る舞いをしたとしても、祟りに悩まされたり神霊を畏怖したりすることはほぼ見られなかったことである。言わば、世俗世界の最高権力者は、この世以外におじけ恐れるものがなく、超自然的な力による政治的営みへの牽制はほとんど存在しなかったに等しい。

このように、日本の歴史的人物や出来事に触発されて、中国の歴史における人物や事件を連想したり調べたりし、断続的ではあるが中国政治の特質を日本と比較しながら考えてきた。体系的な思考とは程遠いものの、日本との比較は、中国を認識することにヒントや新しい切り口を与えてくれたと感じたので、いつか本格的にやってみようと考えた。

二〇〇一年、中国人研究者の学術団体である「中国社会科学研究会」の年末シンポジウム「グローバリゼーションと二一世紀の中国」において、基調講演をなさった溝口雄三先生の話は、私にとって啓発的であった。

講演は、近年の日中関係に見られる変化をめぐって展開された。印象に残る話題を少し紹介しよう。

近代以降、旧中華文明圏と異なった関係性で中国に対する日本の位相が上昇してきた。この局面は、一九九〇年代中期以後、中国市場の活性化が急速に進んだことにより、日本経済の中国への依存度が高まるにつれて、歴史はまた反転し、日中関係が本来の関係性へと戻り始めた。これは、市場経済のグローバル化という現代的状況が背景をなしているが、一方、中華文明圏の力学関係の残影とも考えられる。

近代日本の欧化は脱亜ではなく、特に思想的には、日本人が日本の座標を策定しようとするとき、意識的無意識的に中国を媒介にして考える傾向は、明治以前から以降も、そして現在も不変である。しかし、日本の状況とは逆に、中国や世界の問題を考えるとき、媒介として必要とされる思想資源ともなる日本への関心が、中国の知識界にはほとんど見られない。

以上の論点は二〇〇四年に出版された『中国の衝撃』(東京大学出版会)にて、より詳細に論述されている。

講演の最後に、溝口先生は、在席の中国人研究者や留学生に、日本やアジアを媒介にして中国自身や世界を考えるという思考回路をぜひとももってほしいと訴えた。

講演を聞いていろいろと考えさせられたが、特に最後の言葉が腑に落ちた。確かに、中国のことを深く理解するためにも、外部から見るという「回路」が必要であり、その際、日本は実に重要な「思想資源」だと思った。

まだまだ多くの学習と模索が必要であるが、これからは日本を媒介にして中国を理解し、また中国を媒介にして日本を理解するという「回路」に沿って、探求していきたい。

この探究の道において、費孝通先生が一九九〇年にシンポジウム「東アジア諸社会の研究」に参加した際、東京六本木の国際文化会館で揮毫した題辞「各美其美、美人之美、美美与共、天下大同」（それぞれの社会集団は自分の文化を誇りに思うと同時に、他者の文化に理解を示す。互いに分かり合えることにより、世界の平和へとつながる）という言葉は、励みとなる。

ここでは、この部に収録された二篇の論文について紹介する。

一本目は、二〇一四年六月二七日に東京女子大学丸山眞男記念比較思想研究センターが主催したシンポジウム「現代世界の中で丸山眞男をどう読むか」における「コメント」である。このシンポジウムのパネルディスカッションには、油井大三郎氏、區建英氏、趙星銀氏の三名が登壇し、私はコメンテーターを務めた。

文化人類学者である私が丸山眞男に関する研究報告のコメンテーターを務めることには、自分でも不思議に思った。その後、シンポジウムの司会を務めた平石直昭先生（丸山眞男記念比較思想研究センターの顧問）から、私の著作『劉堡』などの研究を目に留め、私が思想的研究にも関心を持っていると判断して推薦いただいたとうかがった。

なお、本文は「コメント」であるため、「行間を語る」は省略するが、必要に応じて補足を括弧内に記している。

二本目の論文は、日中両国の政治中枢にいる政治家個人の主要な政治活動を通じて国家の変革や政治構造を考察する試みである。冒頭に述べたように、来日以来、生活体験を通じて日本の歴史や文化を学んできたが、研究の焦点は一貫して中国に置いてきたため、日本に関する知識は教養の域を超えるものではなかった。近年になり、研究の視点を少しずつ中国と日本の比較研究に広げつつある。本論文は、その過程で執筆した習作である。

一、「コメント」丸山眞男より得た啓示

（『丸山眞男記念比較思想研究センター報告』一〇号、二〇一五年）

1. 要旨

シンポジウムの発言者に対するコメント*は、主として次の五点である。

三氏のご報告は、丸山眞男先生とアメリカ・中国・韓国の文化や思想との交錯を含む幅広く展開されており、それぞれに対応したコメントを行うのは、私の力では到底及ばなかった。そのため、私なりの丸山先生への理解を述べたうえで、自分自身が注目した点を軸に、報告者の皆様に質問させていただく。

私のコメントは、主に次の五点に焦点を当てている。

一点目、私と丸山眞男とのかかわりについて。

一度だけ丸山先生にお目にかかったことがある。一九八〇年代後半、私がまだ留学生だった頃、中国社会科学研究会という留学生の組織に入会し、六本木の国際文化会館で毎月開かれていた相互交流の研究例会に参加していた。その際、会員である區建英さんの依頼で、丸山先生が講演にお越しくださった。講演のテーマは、当時私たちが大いに関心を寄せていた、日本がアジアの中でいち早く近代化を遂げた理由に関するものであった。特に印象に残ったのは、丸山先生が日本の近世社会構造と西洋の前近代社会との類似性について分析されていたことである。

二点目、人類学者である私が丸山眞男先生に注目した理由。

日本に留学して以降、私自身の思想に変化が生じた。様々な視点や研究方法論、特に文化人類学における社会を実証的に研究する方法論を学ぶ中で、底辺や草の根から中国社会を捉え直したい思いが強くなったのである。一村落の民族誌的研究からスタートし、徐々に研究の範囲を広げたが、文革時代に育った世代として、革命とは何か、社会主義革命と制度が中国の歴史や人々に何をもたらしたのか、長い歴史の中で培われた伝統をどのように評価すべきかといった問題意識を、自分の研究から切り離すことはできなかった。

だが、日本の学術研究は、研究領域を比較的厳密に分類し、研究者が具体的なテーマについて実証的かつ即物的に研究を進める傾向が強いと感じた。

また、日本で生活する中国人として、過去の戦争に関する記憶のあり様には日中間で大きな差があると実感した。特に、中国民衆が日中戦争時に受けた被害の記憶が日本では十分に伝わっておらず、中国国内ですら長い間取り上げられてこなかった状況を、批判的に見ていた。このような問題を扱う際には、学界で忌避されがちな「政治」の領域に踏み込可能性がある（例えば、細菌戦被害記憶に関する調査報告書を出版しようとした際、大学の学会に出版助成を申請したが、「これは学問ではない」という査読意見で却下された経験がある）。

こうした背景の中で、いわゆる学問的伝統と自分自身の問題意識がぶつかることが度々あり、苦悩する時期もあった。そのような折に、福田歓一氏の『丸山眞男とその時代』（岩波ブックレットNo. 五二二、二〇〇〇年）[*1]を読み、福田氏が紹介された丸山先生の姿勢に深く共感し、特に次の一文に感銘を受けた。

さきほど、丸山先生の学問がいわば先生の時代との格闘の中で生み出された、と申しましたが、「時代との格闘」という言葉については、先生ご自身の言葉をちょっと引用したいと存じます。一九五九年、わたくしども二人の指導教授でありました南原繁先生のライフ・ワークがようやく出版されましたときに、丸山先生は『図書』という雑誌に「「フィヒテの政治哲学」を読んで」という一文を寄せられ、「超学問的な動機が厳密な学問的操作を推し進め、現代に対する切実な問題意識が純粋な歴史的研究と奥深いところで契合している見事さ」を特記されました。

南原先生への評価は、丸山先生ご自身の学問姿勢をも体現しているように感じた。「超学問的な動機」や「時代と向き合っている知識人の課題意識」を忘れない責任感を持ちつつも、「学問的な操作」、「純粋な歴史研究として進めていく」姿勢である。時代の問題に性急に短絡的な答えを出すのではなく、考察の厳格さと思考の綿密さを重視しながら、独自の問題意識を追究していく。この姿勢に私は目を開かされた。

また、この一文には、丸山先生の視座の特徴が反映されていると考える。「超学問」と学問、現代的問題意識と歴史的研究、一見矛盾しそうな側面を統合しようとする視座である。趙星銀氏が述べられた、「白黒の尺度だけで切っていくという思想的な潔白さ」を最初から求めないというような物事の捉え方にも通底する。

この出会いをきっかけに、私は丸山先生に注目するようになり、著作をいくつも読み進めた。その過程で、人間を研究する文化人類学者としての職業的な視点から、丸山先生の人間的な姿勢や、社会・歴史に対する視点の特徴に、関心を抱くようになったのである。

三点目として、私の理解した丸山眞男先生の視座と方法論の特徴について。

加藤節氏が第一五回記念講演会で、[*2]丸山眞男先生の生涯の仕事は三つの部分に分けられるとおっしゃった。第一に、「明治維新の近代的側面」や徳川社会での「近代的要素の成熟」を跡付ける思想史的研究。第二に、戦後に始まり、「日本の精神構造」や「日本人の行動様式の欠陥や病理の診断」とされた仕事で、「超国家主義の論理と心理」、「軍国支配者の精神形態」などが代表作に挙げられる。第三に、文化接触の型を規定する日本人の思惟構造の原型を探る仕事、即ち日本文化の古層の探求である。

今日の三方の発表は、どちらかといえばより第二の部分に集中しているように思う。要するに、丸山先生の政治学的分析、啓蒙的言説、デモクラシー論、日本の政治体制に対する分析などと関連している。そこで、この部分の仕事から見られる、先ほど述べた物事の矛盾する側面を統合的に捉えようとする丸山眞男先生の視座の特徴について、私の未熟な意見を述べさせていただたい。なお、以下の意見は、丸山関連の本や講演原稿から抽出した内容に基づいたものであり、それぞれの論点を提起した時代背景や具体的な文脈を省略している。

第一に、丸山先生の個人論について。今日の三方の発表でも「個人」についての言及があり、政治論において個人という存在が非常に重要である。

私自身も長い間、個人と社会との関係に悩み続けてきた。文革が終わった後、解放感を味わう一方で、知識や思考力の不足を痛感した。イデオロギーの空虚なスローガンが過ぎ去った後、頭の中に何が残っているか、革命の「機械」の中で育った「革命のネジ」であった私は、機械が崩壊した後、どうすべきかと自問した。そして、自立した個人になるためには、自らを「再造」をしなければならないと切実に思った。

このような個人的立場から、丸山先生の「個人」に関する議論に注目した。その個人論の特徴は、個人を論じる際に、必ず他者や全体、関連性のある要素とともに論じる点にある。例えば、国民一人ひとりの「自立」は、単に個々人の自立ではなく、他者意識との関連の中で語られる。丸山先生は、個人を尊重しつつ、「自分と同じ人間は世界に二人といない——この自覚が精神的自立の最後の核」と述べた。一方で、どの個人にも、「どうしても入り込むことのできない」、「その精神には到底外から体験できないようなリズムと起伏がある」他者が存在し、その他者との対話を通じて自分が形成されるとも指摘している。

また、個々人が「他人と考えを異にする自由」を持ち、その自由な個人同士が、フランスの哲学者ヴォルテールの言葉にあるように、「私はあなたの言うことに賛成はしないが、あなたがそれを言う権利を死んでも擁護しよう」という関係を築くことが、自由で民主主義な社会を実現する基本であると考えられていた。

第二に、政治論について。ここでも、丸山先生は、様々な重要な概念を関連する対立項とともに論じられた。

油井先生も指摘されたように、丸山先生は政治的なプラグマティズム、リアリズムを重要視していた。彼は「政治的リアリズムを国民の一人一人が自分のものにする必要性」を訴え、「現実というものを固定した、できあがったものとして見ないで、その中にあるいろいろな可能性のうち、どの可能性を伸ばしていくか、あるいはどの可能性を矯めていくか、そういうことを政治の理想なり、目標なり、関係づけていく考え方」を提唱した。

一方で、彼は原理へのコミットメントや、政治的理想を忘れることはなかった。

第四回記念講演会・鶴見俊輔氏[*3]が語ったエピソードによれば、丸山先生は「神なき人間の自由の荒涼たる世界」という一文を本に書き込んだとされる。たとえ虚妄と思われていても、彼は戦後民主主義という理念に賭けており、リアリズムだけに偏れば社会は荒涼とし、危険であると考えていた。この態度には、「理想に憧れるだけでは済ませずに、目先の利害への固執にも陥らない、均衡のとれた態度」が見て取れる。

また、丸山先生「国民一人ひとりの責任」を重要視する一方、その責任は単なる個々人の立場からのものではなく、政治の大局を内包するものとして捉えていた。「人民の一人ひとりが治者としての気構えと責任を持つところに、民主主義の本質がある筈です」と述べ、その責任は個別の利益への期待を超え、「政治の全体性、総合性」を念頭において自分自身の意見を発することにあると説いた。

さらに、民主主義における多数者と少数者との関係について論じている。第一三回記念講演会三谷太一郎氏[*4]が述べたように、丸山先生にとって民主主義は単なる「多数者支配」ではなかった。彼は「多数者」を一体性の持つ抽象概念として捉えるのではなく、様々な「少数者」に分節化して具体的に理解すべきだと考えた。そして、「少数に分節化されない多数」に対して強い抵抗感を抱き、「大衆民主主義」に対して一貫して懐疑的かつ批判的であった。

丸山先生は、「個人の自立性を脅かすのは国家権力だけでなく、大衆自身の集団的な力もそれを脅かす」とし、同質な多数者から分節化した「精神的貴族主義」を内面化する「少数者」を民主主義の主体と見なした。彼にとって、民主主義においては、様々な「少数者」を束ねる求心力が極めて重要であった。

第三に、歴史に対して理解的態度と批判的態度の両方をもつことについて。

丸山先生は、「他者としての歴史」を「その他在において理解する」ことを提唱した。現代の感覚を過度に投影して歴史を曲解することを慎重に避け、それぞれの時代をその内側から理解しようとする姿勢が求められるとした。

一方で、丸山先生は旧体制への批判も容赦なく行った。例えば、「重臣イデオロギー批判」や天皇制批判など、当時タブーとされていた問題を積極的に取り上げ、日本の政治的仕組みの核心にある問題に目を向け、丁寧に掘り下げ、批判を展開している。

第四に、人類学者として私が非常に共感を覚えるのは、丸山先生は個人的経験を鮮明に心に留めながら、それを超えて国民の一人としての経験を言語化・概念化し、政治体制に関する普遍的な問題として提起している点である。彼は、自ら経験した歴史から現在と未来への戒めを見いだすことに力を注いだ。

例えば、鶴見俊輔氏の講演「一九三〇年代の恐怖の持続」では、丸山が高校生時代に唯物論研究会の講演会に出席したことで警察に拘束され、留置場で味わった恐怖感について紹介された。この経験は丸山の内面に深く刻まれ、その後の学問において大きな影響を与えたとされる。また、苅部直氏の『丸山眞男――リベラリストの肖像』では、朝鮮での兵営生活中に観察された朝鮮人の目に「滲み出た反感、怨恨のまなざし」が、植民地支配の責任に関する戦後の思考とつながったことが詳述されている。

これらの個人的体験は、単なる記憶として留め置かれるのではなく、思考の材料とされた。要するに、「事過境遷」(事が過ぎれば水に流す)的に妥協し忘却するのではなく、新しい状況に流されるようなニヒリズムでもない。むしろ、自身の体験をしっかりと汲み上げて、それを文字化し、そこから概念を鋳造し、思想を構築することである。

第一回記念講演会で隅谷三喜男氏は[*5]、丸山眞男先生の理性は感性とつながっている理性と指摘された。「丸山は理性だけではなく感性を持っている。いわゆる冷たい理論ではなく、温かさをこめて社会現象、そこにおける人々の動きを見ていこうとする姿が非常に顕著に示されている」と、隅谷氏述べている。感性と理性、ここにも一対の関係性が見られる。

総じて言えば、丸山眞男先生は、歴史や政治の変動性と継続性、個人と全体、少数と多数、個人の経験・感性と概念・理性、リアリズムと理念・理想、その場その場の判断と一貫性など、相反する要素を対立的ではなく相互関連的に捉える視座を持っていた。この相対性と絶対性のどちらにも偏らずに、どちらにも独占的な権利を与えずに、またどちらをも他方と断絶的に捉えずに、常に双方の相互関連に配慮し統合的に考えるような姿勢こそが、丸山の方法論の特徴であると考えられる。

四点目、中国における丸山研究について。

丸山眞男の著作は一九八〇年代から翻訳が始まり、二〇〇〇年以降には研究論文や専門図書が多く刊行されるようになった。これらの研究は大体五つの領域に分類できる。

一つ目は、日本の思想界における丸山研究の動向。丸山眞男が日本の思想界でどのように受容され、研究されてきたのかを分析するものである。二つ目は、丸山思想対する全体的把握。丸山の思想全般を対象とし、その特徴や意義を包括的に検討する研究である。三つ目は、丸山の近代主義に対する分析で、その意義や限界を探る研究である。四つ目は、丸山の日本文化と古層分析に対する考察。五つ目は、丸山の自由主義、民主主義、市民社会思想に関する研究である。

五点目、発言者の油井大三郎、區建英、趙星銀の三氏それぞれに対する質問（省略）。

＊ 東京女子大学丸山眞男記念比較思想研究センターが主催するシンポジウム「現代世界の中で丸山眞男をどう読むか」は、二〇一四年六月二七日に開かれた。

＊1 一九九八年九月、丸山眞男氏が遺された膨大な図書資料類や各種草稿資料類が東京女子大学に寄贈され、一九九九年春から図書館の丸山眞男文庫室に収蔵されている。この文庫を記念して、「丸山眞男文庫記念講演会」が計画された。このブックレットは、二〇〇〇年五月三一日に行われた第二回の丸山眞男文庫記念講演に加筆したものである。

＊2 二〇一三年一二月六日、加藤節氏は「丸山眞男の思想世界――デモクラシー論との関連において」という演題で講演をした。『丸山眞男記念比較思想研究センター報告』一〇号、二〇一五年。

＊3　二〇〇二年一一月二二日、鶴見俊輔氏は「1930年代の恐怖の持続」という演題で講演をした。『丸山眞男記念比較思想研究センター報告』二号、二〇〇七年三月。

＊4　二〇一一年一一月一〇日、三谷太一郎氏は「丸山眞男は戦後民主主義をいかに構想したか―「精神的貴族主義」と「少数者」との関連」という演題で講演をした。『東京女子大学学報』二〇一一年四号。

＊5　一九九九年五月二五日、隅谷三喜男氏は「丸山眞男の世界」という演題で講演をした。『東京女子大学学報』五三九号、一九九九年七月。

二、「清末と幕末維新期の『頂梁柱』（大黒柱）政治家」
――変革期の日本と中国の政治の比較

（『東京女子大学　比較文化研究所紀要』第八四巻、二〇二三年）

1．要旨

本論文は、清末と幕末維新期における「頂梁柱」（大黒柱）的な政治家李鴻章（一八二三～一九〇一）と大久保利通（一八三〇～七八）を比較し、変革期における日中両国の政治を理解することを目的とする。言い換えれば、政治の中枢にいる政治家個人の主要な政治活動を通じて国家の変革や政治構造を考察することを目指している。

数多い政治家の中からなぜこの二人を選定したのか。簡潔に言うと、大久保と李は、立身出世の過程や、改革者の立場、政局における中心的地位と役割、個人の素質など、多くの類似点を持っているからである。一方、二人の処する政治的環境、たとえば政治体制、政争の手段、競争相手、個人の政治主張などに関しては、多くの相違点があり、それは二人の生涯の奮闘の結果に大差をつける外因ともなった。したがって、二人の政治行動に関する比較は、単に政治家個人間の比較に留まらず、日中両国の政治制度、政治運営及び政治文化に関する比較でもある。本論文が目指しているのは、政治家の活動軌跡という歴史的「現場」の事実に根ざした、日中両国の政治文化に関する理解である。

二人の政治活動は多方面に及んでいるため、本論文では、主旨に最も関連する部分を重点的に取りあげて考察する。具体的には、大久保に関しては、下級藩士から大物政治家までの道のりにおける主要な活動を取り上げ、李鴻章に関しては、彼が推進した洋務運動、特に造船や海軍建設などの軍事的事業と鉄道敷設に関連する活動に焦点を当てる。それらはいずれも、本人が中央政局へ進出する上昇段階における重要な活動であり、政治体制の事情をよく反映しているものである。

本研究は、日中両国の歴史学者による関連著述を大いに参照しながら、それらを踏まえて筆者自身の歴史人類学的視点から二人を比較し独自の構想で考察を展開したものである。なお、筆者自身が各地域の歴史資料館や博物館を訪れて、資料収集を行った上で本論文を執筆した。

2. 行間を語る

来日してから、生活体験をしながら日本の歴史や文化について調べたり学んだりしてきたが、研究の焦点はずっと中国に置いてきたため、日本に関する知識と理解は教養の範囲を超えるものではなかった。近年になり、ようやく研究の視点を少しずつ中国と日本の比較研究へとシフトし始めており、本論文はその一環として書いた習作である。

上述の「要旨」でも述べたとおり、本論文は、政治家の活動軌跡という歴史的「現場」の事実に根ざした日中両国の政治文化に関する理解を目指している。
むすびの部分である「四　政治家の軌跡から国の政治体制を考察——異なる軌跡の背後に異なる政治体制　四—一　政治家個人の特質と政治体制」において、次のように述べた。

政治家の特質は、個々人の属性である一方、政治環境に適応するような素質を持つ個人が政局に腰を据えて権力の座にとどまりやすいという点から考えると、社会や時代に選択された面もある。ここでは、大久保や李の素質を見ると同時に、それぞれの素質が日本と清国の政治環境にどのように適合していたのかを考察する。

大久保と李に対する分析をそれぞれ行ったうえで、二人が身を置いた日本と中国の政治体制の特徴を、本文の内容と関連する範囲で次のように整理した。
「四—二　ダイナミックな日本政治——多元多層の政治体の相互作用」において、日本の政治体制の特徴について三点ほど指摘した。
（1）権力者間における力の消長増減が伴う多元多層な政治構造
大久保の政治活動は、幕臣、他藩、朝廷など多方面に展開されていたが、それは、日本における政治主権者が多元多層に存在するという政治体制に起因する。政治主体の多元化は、かねてから日本政治の特徴であった。幕府の政治権力は絶対的なものではなく、天皇の宗教的権威に牽制されていた。幕府と天皇・朝廷、幕府と諸藩、さらに藩と支藩の間で、時代の変動に伴い、権力の消長増減、統合と抵抗、集中と分散が繰り返されてきた。また、国政を担う老中は譜代大名から複数選任され、中央の政治に多方面の意見を反映させる体制がとられていたが、人事の変動や構成員間の対立による不安定な要素が伴っていた。

（2）各藩・支藩の自治体的性格による政治的自主性と政治指向の多様性

大久保の後ろ盾であった薩摩藩は、経済力、軍事力を有する雄藩であった。その力は、幕末に急速に発展したわけではなく、歴代藩主の長年の経営の成果でもあった。幕藩体制下で、大名はある程度独立した権限をもち、領土を支配し、藩政を自主的に運営し、独自の武力を有した。武家諸法度、参勤交代制により、幕府から厳しい統制を受けながらも、政治・農業・商業・金融・福祉などを内容とする藩政改革や、藩校や教育、儒学・兵学・蘭学などの学問の導入、留学生派遣や西洋式産業の発展などを内容とする近代化運動は、各藩が自主的に行い、各藩の間には、選択と指向の多様性が見られた。そのため、政局に参加する際、各藩の立場や政略もそれぞれ異なっていた。

（3）対外危機意識が政治に影響

対外の危機が近代日本の政局に変動をもたらす要因の一つであり、為政者の危機意識は極めて高かった。幕府も雄藩も、文明の利器の強さを実感すると迅速に開国へと転換し、その変化は極めて早い。危機意識と鎖国は最終的に結びつくことはなかったが、外国を断固として拒否する場面もあった。また、内戦においては外国の武力に頼らない意識が強かった。日本の政治家は高い対外危機意識をもちながらも、「内」と「外」の線引きにおいて、その政治的行動が現実的で、現実主義的なナショナリズムを取っているように見受けられる。

「四―三　中央集権と皇帝専制の清国の政治」においては、清国の政治体制の特徴を次のように指摘した。

(1) 権力が朝廷・皇帝に集中する専制官僚制の政治体制と「宮廷政治」

清朝の官僚制は、皇帝と秘書機構としての内閣と軍機処、朝廷の政務執行機構の「六部」、及び地方行政部門など三つに大別されていた。しかし、制度的には権力は皇帝に集中しており、地方政府も含むすべての機構の人事や政務の最終決定権は皇帝にあった。もっとも、皇帝が幼少期であったり、権力闘争によって皇帝の立場が弱体化したりした場合、清末のように、内政の実権が親王や太后に握られることもあった。

実際の支配者たちは、日常的政務処理を官僚体制に委ねていたが、太平天国の鎮圧や、対外戦争、列強との敗戦交渉といった重大な問題は、有能な督撫（地方長官である総督と巡撫の総称）に依頼し、政治運営をしていた。しかし、重要な戦略や方針は、密室での宮廷政治によって決定され、実際の支配者たちの承認なしには、洋務を含めて何事も進めることができなかった。
支配者たちの気ままな個人の意向や私利私欲が政治に大きな影響を及ぼし、民や社稷（国家）よりも、朝廷支配の安定が優先され、政治運営の最大の関心事であった。

（2）中央集中と慣例踏襲の「文牘（公文書）政治」

中国の官僚政治においては、上からの命令と下からの報告はほとんどすべて公文書を通じて行われていた。上奏文は、各部門や各地域から六部を経て皇帝へ提出され、一方、上諭（皇帝の命令）は、内閣が起草した文面を皇帝が許可し、六部を通じて伝達する（明発上諭）、または軍機処が直接執行者である督撫に送達する（送信上諭）などの方法で下達する。

いずれの場合も、公文書のやり取りはピラミッド型の構造を成し、四方八方から中央に集中する。この仕組みは、朝廷や皇帝が各レベルの官僚を任命し、官僚は上の命令を忠実に執行するといった中国の官僚制の政治体制と重なっている。このような政治構造において、政事は、地方や現場の事情に応じて独自に判断し処理するより、上の指示を仰いだり既成のルールを踏襲したりする方が望ましく、安全である。したがって、洋務派のように前例のない領域で開拓しようとする試みは、極めて多くの困難や危険を伴うこととなった。

（3）王朝の正統思想の堅固な束縛力

王朝の「正統思想」は、儒教の教えを基盤とし、王朝の法律や政策、政界の慣習を融合して形成され、代々の官僚に深く浸透していた。李鴻章ら洋務運動派に対する攻撃の多くは、この正統思想によるものであった。例えば、中華文明至上主義の華夷観や、商業を抑制する農本思想、民営事業を排斥する官本位の観念、学問を重んじ技術と科学を軽視する観念などの立場からの攻撃と批判があった。正統思想が崇高な理念として強く信奉されるほど、新しい事業に対する「筆誅墨伐」（文章を通じた非難や批判）が苛烈なものとなるのであった。

総じて、政治家大久保利通と李鴻章を比較することで、二人への理解を深めるだけでなく、近代日本と中国における政治体制や政治文化の差異がより明確になったと感じた。

本研究は、歴史的細部に関する歴史学の記述や、個々の出来事に内包される歴史的関係性に対する歴史学者の解釈を大いに取り入れたうえで、大久保利通と李鴻章という歴史人物を考察したものである。歴史学の文献を読む際、私は、「誰が、いつ、どこで、誰とどのようにやり取りをしたか、物事の進行過程はどうであったか、結果がどうなったか」などの、人類学が現在の社会で実地調査を行う際の視座を歴史的な場面に投射し、歴史的「現場」を考察しようと試みた。このようなアプローチに基づき、さらに一歩進めて、歴史的出来事に内包される多様なアスペクトを析出し、出来事の文脈や背景を探究するという総合的な分析を行った。これは、いわば歴史人類学的に研究を進めるということである。

本「習作」を執筆したことにより、日中の比較研究に歴史人類学的手法が有効であると確信した。歴史を振り返ることで、現在の状況の由来や起源をより明確に理解できることを実感した。特に、文化人類学者が異なる社会・民族を比較する際には、それぞれの文化の根底にある原風景や、歴史の推移を視野に入れる必要がある。

しかしながら、人類学における歴史研究の現状については、森明子編『歴史叙述の現在——歴史学と人類学の対話』（人文書院、二〇〇二年）でも指摘されているように、「歴史学者が記述の対象としてとらえてきた歴史とは異なる来歴をもつ、人類学者の『歴史』への関心がある」ものの、「それが人類学内部において統一されたものではない」、「『歴史』をいかにとらえるかということ自体が、人類学者のあいだできわめて多様である」ことが実態である。確かに、歴史研究について、人類学の中で広く共有された認識や方法論は存在せず、歴史との関わり方に関しては、個々の人類学者が独自に模索し、想像力を発揮する必要がある。

私は、日中それぞれの歴史文化に根ざした政治文化の比較研究を目指している。これは、退職後の新しい目標である。まだまだ道のりは遠い。これからも、「塵も積もれば山となる」という精神で、一歩一歩邁進していく所存である。

第四部　「聶莉莉」と私

本書によせて

西澤　治彦

私が初めて聶さんと出会ったのは、確か「仙人の会」の会場であったと思う。* 聶さんは一九八六年一月に来日され、東大の大学院に入って間もなく、瀬川昌久さんの紹介で、仙人の会の研究会に参加するようになった。私は一九八五年八月から八七年八月まで二年間、南京大学に留学していたので、会う機会はなかった。もしかしたら、一時帰国した八六年の八月に一度、お目にかかっているかも知れないが、記憶が定かではない。

このように、互いの訪中、来日のタイミングは入れ違いであったが、聶さんの研究回顧録を読むと、実は江蘇省でも入れ違いで調査をしていたことが分かった。聶さんが修論のために蘇南で調査をしていた一九八四年九月から一二月、私はまだ日本にいたが、一九八五年の八月から南京大学に滞在し、一二月に蘇北の淮安で初めての調査を行う機会を得た。淮安では、数ヶ月前にここに費孝通が視察に来たという話を幹部から聞かされた。実際、費孝通は一九八四年に『小城鎮　大問題』を、一九八六年に「小城鎮　蘇北編」を含む『小城鎮　新開拓』を出版しており、私も現地にいてリアルタイムで費孝通の小城鎮研究を追うことができた。その時、まさか『小城鎮　新開拓』に聶さんらが関わっていたとは、思いもよらなかった。聶さんとは同世代であるが、期せずして、江蘇省でもほぼ同時期に社会調査を行っていたことになる。

私は蘇北での調査資料を手に、一九八七年九月に帰国するが、今度は聶さんが博士論文のための調査で、一九八七年八月から一年間、遼寧省の農村に調査に出かけており、またもやすれ違いとなる。ただし、聶さんは奨学金の関係で、二カ月に一度、日本に一時帰国しており、このタイミングで会っていた可能性が高い。遅くとも、一九八八年の三月に、聶さんが仙人の会で予備調査に基づく発表を行った際には、間違いなく会っていると思う。彼女が調査から帰国した一九八八年九月以降も、互いに仙人の会には参加しており、この頃から、じっくりと話をするようになった。

聶さんによると、ある仙人の会の会合の後、彼女に対して「聶さんは非常に幸運です。聶さんの周りにいる人々は皆、立派な研究者ですよ」という旨の話をしたらしい。私ははっきりと覚えていないが、彼女は鮮明に覚えているという。実際、彼女は指導教授である中根先生、伊藤先生をはじめ、先輩の瀬川さん、横山廣子さん、清水純さん、チューターの松本光太郎さんなど、優しく、立派な研究者らに囲まれ、恵まれた大学院生時代を送ったことになる。

この時期、印象に残っている話をもう一つすると、博論となる『劉堡』の執筆に際して、中根先生から調査村の歴史的な部分にはあまり触れず、同時代の共時的な構造分析に徹するようにアドバイスを受けたものの、自分としてはどうしても歴史も書きたいけど、西澤さんはどう思うか、という質問を受けた。私自身も、蘇北での農村調査の経験から、現在進行中であった人民公社の解体と生産請負制のことだけを書いても、すぐに情況は変化していくし、現在に至るまでの歴史、少なくも土地改革以前の民国期の情況を書かずして、現状を的確に記述することはできないし、変化の過程やそれが意味するものも書けないのでは、と思っていることを正直に話した。しかしこれをやり過ぎると、民族誌的現在を記述分析した「民族誌」ではなく、限りなく「中国革命史」になってしまう、というジレンマがあった。こうした手法は、アニタ・チャンらの『チェン村――中国農村の文革と近代化』（小林弘二監訳、一九八九、筑摩書房）でもとられて成功を収めていたし、私としては、少なくとも革命後の中国の民族誌には、中国特有の書き方があって然るべきであると思っていた。中根先生がこのことを知ったら、怒るかも知れないが、最終的に聶さんは、第二部にて時代の変遷と親族組織の変容を論じる博論を書き上げた。

その後、私も一九八九年に武蔵大学に職を得て、生活も研究も安定していき、聶さんが専任の職を得るまで、武蔵大学に非常勤講師として来ていただいた。

こうした経緯もあり、聶さんが一九九二年に『劉堡――中国東北地方の宗族とその変容』を出版すると、私も精読し、すぐに書評を書いて、雑誌『東方』（東方書店）に投稿した。後になって、聶さんから、後年、福岡にある西南学院大学の公募に応募した際、私の書いた書評が審査員に読まれ、採用の後押しになったということを聞かされ、私も少しでも役に立つことが出来、嬉しく思ったものである。

しかし、なんと私が就職した一九八九年の六月に天安門事件が起こった。当時、ある程度の情報は中国にいる人々から聞いていたが、この事件は世界中の中国研究者に衝撃を与え、中国革命の意味も全面的に見直される契機ともなった。これも後で聞いた話であるが、中国共産党に入党していた聶さんであるが、この事件を機に、心の中で共産党から離党した、ということであった。このことはもう書いてもいいであろう。

一九九〇年には、末成道男先生の編集で『文化人類学』（アカデミア出版会）八号にて、中国特集が組まれることになった。末成先生から構成を相談された際、巻頭論文の執筆者に、聶さんと曽士才さんを推薦したところ、それが実現した。その後、聶さんも東京女子大学に移り、研究会などを通して、頻繁に会えるようになった。一九九五年に曽士才さん、瀬川昌久さんと編集した『暮らしがわかるアジア読本　中国』（河出書房新社）にも、聶さんに寄稿をお願いした。一九九七年初めに『朝日新聞』で「中国・台湾　どう付き合うか」という連載欄が設けられ、私も寄稿する機会を得たが、編集者に聶さんを紹介したところ、彼女に依頼が行き、「深まる両岸の学術交流」と題する一文が掲載された。二〇〇〇年には、今度は聶さんの企画で、中国風水の本を出すことになり、曽士才さんや韓敏さんらとともに編集作業を行い、『大地は生きている——中国風水の思想と実践』（てらいんく）を出版することができた。また、東京女子大学にも何度か呼ばれ、講師として、中国の回族の話をさせてもらった。

一時期、互いに忙しく、あまり連絡をとらない期間もあったが、再び、聶さんとがっぷり四つになって一緒に仕事をしたのが、中国のフィールドワーク論であった。全ての原稿が集まったところで、共編者の河合洋尚さんと、瀬川さん、菊池秀明さんに加えて聶さんにも、私の自宅で行った総合討論に参加してもらった。討論会の後は、風響社の石井さんも加わり、参加者の皆が得意な料理を披露し、聶さんも北京の家庭料理である「家常餅」を作ってくれた。

そんな聶さんとの距離がさらに縮まったのは、彼女が二〇一五年に出版した『「知識分子」の思想的転換——建国初期の潘光旦、費孝通とその周囲』（風響社）が契機であった。この企画を風響社にとりついだのも私であるが、できあがった本を読み進めながら、大きな感銘を受けた。費孝通に関しては、私もそのころ『郷土中国』の翻訳にとりかかっており、ある程度の知識はあったつもりであるが、潘光旦についてはあまり詳しい知識はなかった。本書を通して、改めて民国期の知識人の学識の深さと責任感、そしてその苦悩に触れ、中国人類学としてもこの時期の研究をもっとしなければならないという思いを新たにした。

ところが、翌二〇一六年の一月に、私は予期せぬ長期入院をしなければならなくなった。そのとき、病室に持ち込んだ本の一冊が、読みかけの『「知識分子」の思想的転換』であった。人生の残された時間の中で、貴重な時間を割いて読むのなら、研究者魂のこもった本しか読みたくないと思ったからである。そして、退院後に本書の書評を書こうと思い、随所に走り書きのメモをした。そして最後の一章は敢えて読まずに残しておいた。退院後に書評を書く際、もう一度、テンションを上げるためであった。

入院中、聶さんは正装してお見舞いに来てくれた。その時、思わず私も問わず語りをしてしまったが、聶さんもそれまで誰にも話さなかったような自分自身の体験を話してくれた。それを活字にしたものが、本書の最初に収められている、文革期やその後の体験談である。

退院後、体力が回復したところで『「知識分子」の思想的転換』の終章を読み終え、一気呵成に書評を書きあげ、『東方』に投稿した。私としても、全身全霊をかけて書いた書評であった。一人の人類学徒として、そして一人の人間として、聶さんの気概と覚悟に応える必要があった。それは私自身の半世紀に及ぶ中国研究に対する、一つの総括でもあった。その思いは聶さんにも十分に伝わったことと思う。

また、校正中であった中国のフィールドワーク論を完成させ、二〇一七年になって『フィールドワーク――中国という現場、人類学という実践』（風響社）というタイトルで出版することができた。そして、これも未完成であった『郷土中国』の翻訳も終わらせ、二〇一九年になって同じく風響社から出版することができた。『「知識分子」の思想的転換――建国初期の潘光旦、費孝通とその周囲』で得た知見も、『郷土中国』の翻訳作業を後押ししてくれる大きな力となった。

ところが、二〇二〇年の一月に再び、長期の入院生活を余儀なくされてしまった。退院後、体力の回復してきたところで、『郷土中国』の増補改訂版と、潘光旦の論文選を出す作業に集中した。『郷土中国』の訳文に対して、一字一句、徹底して見直し、疑問点は全て聶さんに尋ねた。おかげで、さらに精度の高い訳文になったと思う。

また、私と瀬川さん、田村和彦さんとで潘光旦の論文選を編訳している話をすると、潘光旦の社会思想の分野を加えてはどうか、とアドバイスしてくれ、結局、聶さんも翻訳作業に加わってくれることになった。潘光旦の文書は簡単に訳せるようなものではなく、我々の訳文も聶さんが細かくチェックしてくれ、こちらもいい訳書に仕上がったと思っている。聶さんが費孝通や潘光旦の訳書に協力を惜しまないのは、もちろん、この二人に対する彼女なりの熱い思いがあってのことであった。その意味では、この二冊は、訳書とはいえ、それこそ研究者魂のこもったものになっていると思う。

聶さんは費孝通の愛弟子であり、日本政府の国費留学生として東大に留学したということもあり、いろいろな意味で皆に注目された存在であったと思う。私の第一印象は、そうした地位に相応しい人物である、というものだった。そして実際、彼女の研究者としての実力と、その真摯な研究姿勢が皆に受け入れられ、後に続く中国人留学生らの路を切り開いていくことになった。最終的に彼女は仕事の場を日本に選び、無事、定年まで勤め上げた。このことは、日本の中国人類学にとっては幸いなことであった。しかし、これだけ国際交流が盛んとなり、インターネットが普及した現在、どこで仕事をしようと、あまり関係なくなってきた。実際、『「知識分子」の思想的転換』は聶さんの姉によって中国語に訳され、台湾から出版された。最終的に、研究者の評価は書いたもので決まる。この意味でも、聶さんが退職を機に、これまでの研究者人生を振り返る本書を上梓できたのは、本人のみならず、日本の人類学界、さらには世界の中国人類学界にとっても価値のあることである。

思い起こせば、聶さんとは、最初は研究仲間であり、やがて無二の友人となり、そして最後は同志となった。聶さんへの感謝の気持ちを込めて、本書への贈る言葉としたい。（武蔵大学元教授）

＊　仙人の会というのは、一九八一年度の日本民族学会（現日本文化人類学会）関東支部の修論要旨発表会の際に、意気投合した院生らが立ち上げた研究会であった。この年、中国に関する発表が多かったということも関係していた。デシプリンも人類学、民俗学のほか、歴史学、言語学と多岐にわたり、研究対象地域も中国や西アジア、東南アジアと広範囲であった。そのためもあってか、なかなか会の名称がきまらず、暫定的に、研究会後によく通っていた四谷のお好み焼き屋「仙人」の屋号を借りて、「仙人の会」と称していた。それがそのまま研究会の名称となって今に続いている。会則も会費もなく、一年交替の幹事が運営をするという、緩やかな集まりであったが、毎回、議論は白熱した。中国も調査の門戸を開いたばかりで、先達もほとんどおらず、手探り状態で中国社会の人類学的な研究に取りくもうとしていた若手にとって、月一度の所属大学を超えた研究会は、大きな刺激

であり、また楽しくもあった。月例会は、細々とではあるが、現在も続いている。

聶先生から学んだこと

奈倉　京子

聶先生との出会いは私の人生を大きく変えた。先生と出会わなければ、研究者の道に進むことはなかったと断言できる。特に教育熱心な家庭で育ったわけでもなく、勉強よりもスポーツに打ち込んできた私は、地元の進学校へ進んだ後、友人が東京進学を目指しているのに流されて、特に具体的な目標なく東京へやってきた。勉学意欲が低かったため、一年生の時は必修科目をいくつか落とし、その中に「文化人類学」があった。

二年生の時、聶先生が西南学院大学から東京女子大学へ転任して来られ、「文化人類学」の授業を担当されることになった。当時、大学の授業はある分野、テーマについて体系的に講義されるのではなく、多くの教授は自身の狭い研究領域の事について延々と語っていた。そのような中、聶先生の講じる文化人類学はおもしろかった。「文化」とは何か、「人間理解」とは何か、という命題に言及しながら、文化人類学はただ外国の異文化を研究するだけでないこと、我々の生きている日常生活と、そこでの他者理解とどのように関連しているかを、具体例を提示しながらわかりやすく説明してくださり、社会認識の幅を広げてくださった。そのような講義から、海外に限らず異文化に生きる身近な他者を理解する方法に関心をもつようになった。

聶先生の講義は、毎回一つのストーリーがあったように思う。抽象的な概念を、国家や民族の具体的な経験に関連づけながら説明し、出来事の背後にある複数の要素のつながり、共通項、「旋律」を示してくださることで、具体的な事柄から少しずつ抽象度を上げ、理論的な昇華へ進むという、論理的な思考の方法を自然にご教授いただいた。先生の授業を受けて、定義や概念を自分で理解したり、問い直したりすることの面白さを知った。そのような授業は、当時、私が受けてきた教育、すなわち、ゼロからものを思考するのではなく、何かの型を参考にしながらそれに当て嵌めて考えること、断片的な知識を暗記することといった思考スタイルとは異なる、新しい思考法に出合わせてくれた。

大学院に進学して、本格的に聶先生のご指導を受ける中で、新しい思考法は「悟性」という言葉で表現された。聶先生と一対一の授業で、中国の少数民族に関する文献や、フレドリック・バルトの境界論を読んだ時、私に幾度となく「悟性」という言葉を使いながら、複数の要素のつながりを概念図や表にして、そこから考察の「蛛絲馬迹」（かすかな手がかり）を摑むことを指導してくださった。二項対立的な思考をしやすい私の欠点を指摘してくださり、グレーな要素を曖昧なまま理解することの大切さや、焦らずにアイディアを「ねかせる」ことも学んだ。このような思考の整理の方法は、本格的にフィールドワークを始めてから今まで、得られた一次データの相関性を考え、分析の視座や枠組みを探り、キーワードを導き出すのを助けてくれた。フィールドワークについても、ずっと心に刻まれたご助言がある。それは、「人類学者は常に客です。でも現地で自由に動ける客、信頼される客になりなさい」という言葉だ。

実際に私が先生の指導学生であったのは、学部の三年次にゼミに入ってから修士課程修了までの数年であるが、私の人類学的思考の基礎はその数年で学んだ聶先生の方法論の恩恵を受けている。

修士課程修了後、聶先生のご指導を離れ、私は中国に学術と生活の拠点を置き、華僑農場でフィールドワークをおこない、帰国華僑を調査した。その後も海外華人コミュニティを調査してきたため、中国社会そのものを対象にするというよりは、中国の外から見た中国と海外とのつながりに考察の重点を置くこととなった。帰国した時に聶先生を訪ねて研究について近況報告をすると、先生は私の調査研究を否定することなく、いつも親身に相談に乗ってくださった。だが、先生とは研究領域が異なり、中国研究についての知識が浅いため、対等に意見を交わすことが難しかった。加えて、久しく日本の学術界の外に身を置いてきたため、日本の文化人類学者の中国研究サークルとの間にも一定の距離を感じてきた。このような気持ちは、静岡県立大学に専任職を得て、日本の学会運営へも貢献し、『文化人類学』に論文が掲載され、『東亜』に連載を持たせてもらうようになった今も変わらない。日本の学術界に身を置くようになって感じたのは、人類学分野では理系の研究室文化に劣らず、子弟関係や同門関係、または同世代の研究者の横つながりを継続させることを通して、科研費を申請したり、共同研究を行ったりすることだ。研究者仲間のいない私は、孤独を感じていた。そのような時、自ずと聶先生を思い出した。先生はきっと色々な研究者から共同研究のお誘いがあったに違いないが、ご自分の研究に集中し、意見を求めたい時には、面識のない人でもご自分から連絡をし、独自の研究サークルを構築されていた。先生は、いつも凛としており、「おつきあい」でご自分のテーマや対象を他人の共同研究に合わせることはなさらなかった。先生は常に私にも、「まずは自分の足で立つこと」を強調された。先生の研究に対する姿勢から、孤独の中でこそ研究者としてのコアな部分が形成されることを学んだ。

二〇一三年からゼミ生を連れて蘭州大学で海外授業をするようになった。二〇一四年、偶然、中国の知的障害者を支援する民間組織と出会った。それから毎年私的に訪問するようになったが、それを研究対象とする覚悟が持てずにいた。他方で、これまでの研究とのつながりは何かということを考えた。私の研究対象は、少数民族、帰国華僑及び海外華人コミュニティ、そして障害者と変わってきており、一つの研究対象を追究しつづけることが望ましいとされる日本の学術界ではあまり評価されることではない。しかし、対象は変わっても私の問題意識と方法論は変わっていない。それは、一貫して社会で周縁化された人々の日常生活を焦点化し、主流社会への融合・適応、官と民の相互作用、そして中国の社会主義的イデオロギーが当事者へ与える影響について考察し、そのような考察を通して、民族と国家、家族／個人と国家の関係について検討するということである。本書を編集する過程で、これまでの聶先生の著作を拝見し、先生も研究対象は一つではなく、中国農村、朝鮮族、民間信仰、細菌戦被害、中国知識人の系譜、日中文化比較と、複数の対象を研究されてきたが、第一部の記述からわかるように、先生の根底にある問題意識と方法論は不変であることを改めて認識した。先生と共通するところがあると言うのはとてもおこがましいことではあるが、草の根の視点に立ち、顔の見える個人の声に耳を傾け、個人と国家の結びつきのあり方とその特殊性を検討しようとする視座は、聶先生が大切にしてこられた視点であり、私も同じ視点をもって研究してきたと自覚している。

本書に収められた論文の中で、とりわけ今の私の問題意識を刺激するのは、個人と国家のかかわりを婚姻の選択から論じた「中国の社会主義制度における婚姻——体制と個人の決断」である。このご論考が対象としている時代から月日は流れ、中国における個人と家族の関係は変わりつつあるが、そこで論じられている当時の集団主義的な家族と国家の関係、個人の家族及び国家における位置付けられ方は、今も参照すべきと考える。私は知的障害者を支援する「民間」組織を考察し、知的障害者家族の経験について聴き取りをおこなうことを通して、家族（個人）と国家の間に現れた領域に着目している。その過程で、中国に民の横のつながりとしての「社会」は存在するのかを考えるようになった。知的障害者家族は「家族の連帯はつづかない」と考えており、国に施設の建設を期待する一方で、民間組織やボランティアに対する信頼を高めている姿を見た。中国の「民間の力」は政府から自律した領域で展開されることはなく、国家権力に対抗するために下からの自己統治の形として現れた力でもない。だが、国家の政策に協調する一面をもちながら、国家に全面的に協調するのではなく、自らの理念のもとで能動的に障害者とその家族のための支援を実践している側面もあり、政府の共生論理（国家・人民統合）とは性質の異なる〈共生の文化〉を生み出そうとしている。当事者たちは、家族とも国家主導の制度とも異なる他者との横断的関係への信頼を高め、家族と国家の間の「中間的領域／組織」に助けられているのも事実である。

本書に収められた聶先生の論文の中に、中国の「民間」について真正面から論じた著作はないが、最近私が主催した講演会のコメンテーターとして聶先生にご登壇いただいた時、先生の「民間」に対する考えを拝聴した。その講演会は、浙江省衢州市で細菌戦被害に遭い、「爛足病」を患って長年にわたって身体的、精神的に苦しんできた中国の人々を治療するために、民間人が立ち上がり、医師や基金会を巻き込んで医療チームを形成し、爛足病者が「民間の力」によって「人生を取り戻す」プロセスを、医療人類学の議論を参照しながら論じた内容であった。聶先生は二〇分ほどのコメントのために、爛足病者の救助に奮闘した王選女史に連絡を取り、資料提供をしてもらったとおっしゃった。それらの正確なデータに基づき、爛足病者救助をめぐる民間、国営機構、政府の三者の実態と相互の関係性について、ご自身が作成されたスライドを示しながら説明してくださった。講師が、民間人と医療関係者のつながりが救助のネットワークを形成し、「共生型治療社会」を形成したと述べたことに対し、聶先生は救助活動に参与する人々の「道義性」は注目に値するが、他方で政府が爛足病者をはじめ、民衆の戦争被害を等閑視してきた問題にも目を向ける必要があり、「民間の力」による救助を美しい物語としてのみ語ることには慎重にならなければならないと指摘された。

私の学術的な知識・経験不足のために、ずっと中国研究者として聶先生と「共通言語」を見出すのが難しいように感じてきたが、「民間」をめぐる個人、国家のそれぞれの関係についての考えに触れた時、研究対象は異なるものの、社会的弱者を支援する民間組織や中心人物から、個人と「社会」（私は「中間的領域／組織」と記述している）、個人と国家の関係を探究することにおいて、「共通言語」が生まれたように思った。中国の市民社会論における民間組織の考察は、政府と連携して社会統治を行なう点が強調されており、民間組織は、国家機能を補完するためのものと捉えられてきた。市民社会研究を含め、中国の「国家・社会関係」を検討する議論は、国家に対して自治、自律がどの程度実現されているのかを問うものであり、人の顔の見えない次元で、「市民社会」の特徴が検討されてきた。これに対し聶先生は、国家の人民に対する役割そのものを問い直し、支援が必要とされる人々の目線に現れる、当事者にとっての「民間」が政府との関係の中でどうあるべきかをコメントで検討されたと感じた。

ところで、私の学生時代、聶先生について印象に残っていることがある。それは、当時まだ幼稚園に通っていた息子さんを育てながら仕事をされていたことだ。ある日、先生の研究室を訪ねると、机の下から息子さんが出てきたのを覚えている。本書には書かれていないが、異国の地で、子育てをしながら授業や校務をこなし、研究も継続させることは並大抵のことではなかっただろうと、私も出産を経験してはじめて当時の先生の状況を想像することができた。子育ても大学の授業や校務も手を抜かず、とても忙しいはずの先生だが、いつも先生のまわりにはゆったりと物事を思考する高尚な空気が流れていた。これまで先生がジェンダー平等や女性のエンパワメントを強調されたり、「女性が学者になる」苦労を語られたりした記憶はない。妻、母、研究者のうち極端にどれかを強調することなく、ただその時に、ご自分にとって大切なことを優先されている印象をもった。これまでいくつかのライフステージを経てこられ、決して研究だけに専念できた時期ばかりではなかったと推測するが、本書を通して先生のこれまでのお仕事を振りかえると、停滞なく研究を続けてこられてきたことがわかった。個人として輝きつづけてきた先生が今も眩しい。

最後に、私は聶先生の最終講義を拝聴しに行くことを楽しみにしていたが、残念ながらその機会はなかった。最終講義は、指導を受けた者が、恩師の研究に対する思索の道のりを振りかえり、研究者としての人生において、今自分がどのようなステージにいるのか、今の自分のやり方は正しいのか、その先にどのような道があるのかを知る機会であると思う。最終講義は恩師のケジメの機会であるとともに、指導を受けた者が「再出発」するという意味でのケジメの機会でもあると個人的には考える。本書は私にとって、聶先生の「最終講義」となった。そのことに感謝したい。

あとがき——本書の誕生まで

美麗　和子

東京女子大学の同窓である奈倉京子さんから本書の企画をお聞きした時、私は深く考えることなく二つ返事で賛同した。聶先生には、社会人学生として編入した学部時代からずっとお世話になってきた。ご定年にあたって何か恩返しができればという願いから、また聶先生ご自身の研究の集成という構想も魅力的だったので、是非取り組みたいと思った。

だが、「まえがき」にも触れられている通り、先生はこの企画に対してしばらく躊躇されていた。その理由も前出の通りであるが、私たちの提案に対してまず先生が述べられたのが「同年代の文化人類学の先生方のように、一貫した主題を持ち続けて専門性を高めるのではなく、その時の問題意識に即したテーマを選んで研究してきたので、まとめて書籍化するほどのこともない」という見解だったと記憶している。

しかしその後、聶先生と同様に第一線の中国研究者として活躍されている奈倉さんの説得が功を奏し、聶先生が辿って来られた歩みを一冊の本にすることの意義、後続の研究者や学生、一般読者の方々への貢献の可能性を、先生も感じ取ってくださった。そして、教え子の私たちが編者となり、先生が素材を提供するという編集方式を条件に企画が了承され、風響社の石井さんにもご協力を得て、本書の編集がスタートした。

構成にあたっては当初、石井さんからのご提案で、これまでの研究業績をただ提示するだけでなく、「行間を読む」というセクションを設けて聶先生に解題を書き下ろしていただき、研究者ではない読者にも意義を伝えようということになった。これを受けて、聶先生からは行間を「読む」ではなく「語る」にしたい、という意見が出された。先生が自ら著された文章の意味を、あとから俯瞰的に「読む」というより、主題の異なる研究間のつながりを「語る」というわけだ。こうした聶先生独自の展開も見えてきたことで、企画は軌道に乗ったかと思われた。しかし、収録する研究主題を検討したり、論文の初出掲載誌なども揃えてくださったりする傍らで、書籍化に対する先生のお気持ちは未だ揺らいでおられるようだった。

最初に聶先生から、執筆中の原稿ファイルをパソコンの画面に広げつつお話をうかがった時、私には想定外の衝撃が走った。文化大革命の下で過ごされた少女時代の記憶が克明に語られていた。論文指導の際などに先生の文革体験を断片的に拝聴したことはあったが、時系列にまとまった形で知ったのは、この時が初めてだった。

本書の第二部「学問への道」では、北京大学の大学院生だった聶先生の同級生の一人が偶然、費孝通教授の『郷土中国』を大学図書館で発見したことをきっかけに学生の間で回し読みされ、その内容に驚きと感銘を受けた学生たちが小冊子を作ってキャンパスで販売した、というエピソードが紹介されている。著作の主題は異なるものの、上述のエピソードと同様の出来事――目の前で静かに佇む師が歩んで来た道を学生が突然知り、衝撃を受けるという出来事が再び二十一世紀の東京で起こった、といっても私には過言ではなかった。先生のご講義や学術への態度は、私たちが聶先生から教えを受けた東京女子大学の標語「すべて真実なこと」という聖書の言葉（『フィリピ人への手紙』第四章八節）を彷彿とさせたが、それはこのご経験があってのことだったのか、と思い至った。一方、先生ご自身は今回の執筆に至るまで、過去の経験が特別だという認識はとりたててお持ちではなかったようで、淡々と語っておられた。

さらにこの回想録を読み進めていくうちに、私は「逆水行舟」（流れに逆らい舟を進める）ともいうべき姿勢で運命を乗り越えてこられた先生の背後に、当時の若者たちの無数のため息や苛立ちも思い浮かべていた。本書にも明らかな通り、困難に向き合う柔軟な知力や孤独に耐える強靭な精神力を備えた聶先生でさえ、これほどの苦闘を強いられたのなら、それぞれの事情から時代の大波に抵抗できなかった人々は、一体どれだけ無念だったか。そして、運命に逆らえなかった、もしくは逆らわなかった人々のことを、当事者でない世代は十分理解できただろうか、一様に努力不足や「自己責任」と切り捨てられてはいないだろうか、という思いにも駆られた。ただしこれは私が、一九九〇年代に日本経済の凋落によって思いがけず旧来型の就労や人生設計が困難になり、多くの人々が先の見えない自分探しを余儀なくされた「氷河期世代」に属するため、自らの境遇を重ね合わせて文革世代の「ままならなさ」を想像したが故の解釈かもしれない。

そしてもう一つ思い出されるのが、博士課程で聶先生のご指導を受けていた頃、とある理由で私が打ちひしがれていた時に、先生からブロンテの『ジェーン・エア』を読みなさい、と勧められたことである。本書の編集を機にその記憶が蘇り、ジェーン・エアは私の側に実在したのだと思った。

文革が終結し、聶先生の表現を拝借すれば、人々の「頭がしっかりと自分の肩に戻って」来ると程なく、改革開放期が幕を開ける。大学進学を叶えて「時代の列車」に飛び乗った聶先生は、自由に学ぶことを阻まれた少女時代を取り戻すように学問に打ち込んで修士課程へと進み、中国沿海部の郷鎮企業での現地調査をもとに修士論文を書き上げる。

本書の編集作業の際、中文タイプライターで印字された修士論文の冊子を手に取った先生は、そこに収められた青年労働者へのインタビュー記録を懐かしみながら、声に出して読み上げられた。記録の中で、聶先生は対等な若者として対象者に呼びかけ、相手もさほど構えることなく回答しているようだった。今はもう、こんな風にはインタビューしにくくなってしまった、日本という国からはるばる来た学者というだけでも距離を置かれてしまうから、と先生はおっしゃった。その感慨は、文革時代に「四人組」のブレーンの役割を担わされた知識分子集団「梁効」のメンバーと接触した際に、先生が感じたという疑問——自身の「知」を政治勢力の牽強付会に利用されても抵抗しない大人への反発心と対をなしているようにも思われた。

聶先生は修士課程を終えると、今度は列車から飛行機に乗り換えて東京へと飛び立ち、それまでの専攻と異なる文化人類学を学び始めてわずか四年で博士論文を完成させる。かつて先生が語られた当時の思い出で印象に残っているのは、調査を終えて日本に戻った後、フィールドワークで出会った人々を思って涙をこぼしながらワープロの画面に向かい、論文を書き進めたというお話だ。この時期に前後して、先生の祖国では学生を中心に、自由と民主化を求める運動が拡大して政府と対立し、ついには天安門事件へと発展していった。来日当初は「学位が取れたらすぐに帰国するつもりだった」という先生は、日本にとどまって研究生活を送られることになる。その後の先生の研究遍歴は、本書第三部にまとめられた通りである。これまでのご研究の全体像を踏まえた上で改めて研究要旨を読んでみると、時代に即した中国社会の現実に密接した問題意識が感じられた。また、中国人の精神基盤にある文化的土壌の探究、少数民族調査を通じたエスニシティの探究など、私自身の研究関心にも先生が多くの種を蒔いてくださっていたことを実感した。

このように見てくると、聶先生が歩まれた道を通じて、中国現代史が浮かび上がってくる。しかし、おそらくこれは、聶先生だけに当てはまる特別なことではなく、読者一人ひとりの人生の端々にも、歴史の軌跡が残っているはずだ。聶先生の境遇に自らの経験を重ねた私と同様に、ご自身の歩みを重ねたり反射させたりしながら、本書を味わってくださる読者も少なくないのではないかと思う。

しかし、こうして聶先生の真摯な一面に集中して述べ続けてくると、長く先生と時間を共にしてきた学生としてはどこか違和感が残る。普段の聶先生は気さくで話し好き、授業の後で昼食をご一緒する時には、休み時間いっぱい話し込んだ。好奇心旺盛で、興味のある話題に出会えば初対面の相手にも矢継ぎ早の質問が止まらない。それも一方的に相手から聞きたいことを引っ張り出そうとするのではなく、「知りたい」という素直な気持ちの表れと、ある種の確信に満ちた話しぶりに、相手も思わず引き込まれて語り出すように私には見えた。喜怒哀楽に富み、論文指導の際には何度か容赦ない叱責を受けたが、私が研究助成や非常勤講師の職を得た時には目を輝かせて我が事のように喜んでくださった。まさに「子温而厲，威而不猛，恭而安」（「先生は穏やかだけれども、きびしい。威厳があるけれども、たけだけしくはない。きちんとして礼儀正しいけれども、楽々として堅苦しくはない」日本語訳は『完訳 論語』井波律子訳、岩波書店二〇一六年、二百十一頁より引用）という一節こそ、私にとっての聶先生の姿を描いた言葉であり、生きた文化人類学者のイメージなのである。

本書の企画に際して先生ご自身が述べられたように、聶先生の研究テーマは一見、散漫とも思われるかもしれない。しかし、全ての研究において、中国の「草の根」の民衆と、彼らを支配する体制に関心を持って来られたという点は一貫している。中国の長い歴史と多彩な文化は、幾度「天下」が交代しようと、泣いたり笑ったりしながら日々をひたむきに生きる民衆に支えられてきたのだ。少し離れた場所から中国を見つめながら、これからも聶先生の民衆社会の探究は続いていく。

編集が始まった当初の聶先生から感じられた、出版をためらうお気持ちが、本書の完成を前にしてすっかり解消できたかどうかは今も分からない。しかし、私自身は教えを受けた学生の一人として、先生の学術経験を未来に繋いでいくという責任を、僅かながら果たせたのではないかと思う。それは何より、この構想を了承し、人生そのものともいえる本書の組み立てを私たちに託し、あらゆる資源を惜しみなく分け与えてくださった聶先生のご協力あってのことである。心より感謝を申し上げたい。

また、この度の出版企画に応じてくださり、また折に触れて的確なアドバイスをくださった風響社の石井雅さん、聶先生の同窓生であり、文化人類学者の同志として、メッセージを寄稿してくださった西澤治彦先生に、深く御礼を申し上げたい。

資料編　研究の歩み

関連する主要な著述

1．学者への道のり

「訳後記」『亜洲諸社会的人類学比較研究』（原著、中根千枝『社会人類学――アジア諸社会の考察』）一八八～一九四頁、黒龍江教育出版社、（聶長林と共訳）一九八九年（中文）
「費孝通――その志・学問と人生」趙景達他編『東アジアの知識人　五．さまざまな戦後』二八一～二九九頁、有志舎、二〇一四年

2．実地調査と思索

1　実地調査による基層社会の考察

「緊密結合生産開発農民智力」『紅旗』一一期、紅旗雑誌社、一九八四年（中文）
「論県郷両級政府対郷鎮企業的行政管理」『社会学研究』一九八五年一期、中国社会科学院社会学研究所、一九八五年（中文）
「経済体制改革与人口変動」何建章編『経済体制改革与社会変遷』一四四～一六〇頁、人民出版社、一九八六年（中文）
「社会人類学的思考」『東瀛求索』二号、中国社会科学研究会、一九八八年（中文）

「漢族農民の祖先観およびその変容」阿部年晴他編『民族文化の世界』下 二一八〜二四一頁、小学館、一九九〇年
「親族研究の再検討」『ユリイカ特集 文化人類学』八期、一六〜二六頁、一九九〇年
「経済体制改革以後の農村家族の夫婦関係」『海外事情』一一号、七一〜八四頁、拓殖大学海外事情研究所、一九九一年
『劉堡――中国東北地方の宗族とその変容』東京大学出版会、一九九二年
「中国農民社会における儒教の影響の実態――東北地方の実地調査に基づいて」『国立民族学博物館研究報告』一九巻一号、六一〜九四頁、国立民族学博物館、一九九四年
Changes in Perceptions of Ancestors. *Perspective on Chinese Society, Anthropological Views From Japan.* 92-104. Edited by Suenari Michio, J.S. Eades, Center for Social Anthropology And Computing , University of Kent, England, 1995
「従小伝統看儒家文化的影響」『社区研究与社会発展――記念費孝通教授学術活動六〇周年文集 中』八六六〜九三二頁、天津人民出版社、一九九六年（中文）
「宗族及び民間信仰――湖南省永興県の実地調査にもとづいて」中兼和津次編『改革以後の中国農村社会と経済――日中共同調査による実態分析』一五章、四五二〜四七六頁、筑波書房、一九九七年
「閩南農村における神々信仰――福建省晋江市農村での実地調査に基づいて」『国立民族学博物館研究報告』二二巻三号、五八五〜六五九頁、国立民族学博物館、一九九七年
「儒教と民間信仰――福建省閩南地域の実地調査に基づいて」末成道男編『中原と周辺――人類学的フィールドからの視点』一九三〜二二〇頁、風響社、一九九九年
「雲南地域における『民族文化村』の試み」『APCアジア太平洋研究』五号、二一一〜二一九頁、一九九九年
「旧満州国における日本人の中国農村・村落社会研究――遼寧省檔案館と吉林省檔案館の所蔵史料からの分析」『科研費共同研究報告書：近代中国東北における社会経済構造の変容――経済統計資料、並びに歴史文書史料からの分析』八〇〜九一頁、二〇〇〇年
『大地は生きている――中国風水の思想と実践』曾士才、西澤治彦、韓敏と共編著、てらいんく、二〇〇〇年
「現代中国の社会発展の中の中国朝鮮族」佐々木衛・方鎮珠編『中国朝鮮族の移住・家族・エスニシティ』四三〜六一頁、東方書店、二〇〇一年

「北京市における文化財と市民生活文化」『国際交流基金アジアセンター助成研究：北京市の近代的都市建設と住民生活条件の整備及び文化遺産に関する提言』六三～七六頁、二〇〇一年
「神々の儒教」『アジア遊学No.58　特集：路地裏の宗教』八三～九一頁、勉誠出版、二〇〇三年
Studies of Chinese Peasant Society in Japan: Before and During World War II. *War time Japanese Anthropology in Asia and Pacific.* 209-222. Edited by Akitoshi Shimizu, Jan van Bremen, National Museum of Ethnology, 2003
Anthropological Studies in Japan of Chinese Society. *New Reflections on Anthropological Studies of (greater) China.* 32-36. Edited by Xin Liu, Berkeley: Institute of East Asian Studies, University of California, 2004
「中国朝鮮族の民族的ネットワークと連帯感」『アジア遊学No.81　特集：東アジアのグローバル化』二四～三七頁、勉誠出版、二〇〇五年
「コメモレイションから民族を考える――中国延辺朝鮮族自治州『九三』記念行事をめぐって」『東アジアからの人類学――国家・開発・市民』五五～七〇頁、風響社、二〇〇六年
「朝鮮族研究から漢語を考える」『中国21』Vol. 25、二三一～二三八頁、愛知大学現代中国学会編、二〇〇六年
「『中国人研究者』の中国社会文化研究における宗族」瀬川昌久他編『「宗族」と中国社会――その変貌と人類学的研究の現在』六三～九〇頁、風響社、二〇一六年
「総合討論会　中国におけるフィールドワークと人類学の可能性」西澤治彦他編『フィールドワーク――中国という現場、人類学という実践』四六七～五二六頁、風響社、二〇一七年

2　民衆の被害記憶と戦争被害の研究

「日本軍による細菌戦は中国に何を残しているか」『世界』九月号、二三三～二四二頁、岩波書店、二〇〇一年
『中国民衆の戦争記憶――日本軍の細菌戦による傷跡』明石書店、二〇〇六年
「我与日軍細菌戦受害記憶研究」『読書』七月号、一〇七～一一五頁、二〇〇六年（中文）
「戦争受害記憶与『歴史事実』之間」『読書』九月号、二九～三九頁、二〇〇六年（中文）
「日軍細菌戦常徳民衆受害記憶的文化人類学研究」『湖南文理学院学報』第六期、二二一～三三二頁、二〇〇六年（中文）
「被害者の被爆体験」戦争と空爆問題研究会編『重慶爆撃とは何だったのか――もうひとつの日中戦争』一五三

〜一七六頁、高文研、二〇〇九年

「旧日本軍の細菌戦による中国民衆の戦争被害記憶」黒沢文貴編『戦争・平和・人権――長期的視座から問題の本質を見抜く眼』二六九〜三〇一頁、原書房、二〇一〇年

「コメント2」『歴史学研究』№八七二「現代史部会　記憶をめぐる抗争と創造――ポスト冷戦史の一断面」一四三〜一四五頁、二〇一〇年

「従戦争受害記憶解読歴史――紹介在日本出版的有関日軍侵華期間中国戦争受害者的研究専著」『武陵学刊』第六期、八七〜九三頁、二〇一一年（中文）

「序文」土屋公献著、王希亮訳、聶莉莉監訳『律師之魂』一〜三五頁、社会科学文献出版社、二〇一五年（中文）

「土屋公献和荒井信一：歴史的守護者『律師之魂』中文版序」『武陵学刊』三期、八五〜一〇〇頁、二〇一五年（中文）

「常徳民衆日軍細菌戦受害記憶的文化人類学研究」全国政協文化文史和学習委員会編『侵華日軍細菌戦　文史資料撰編』五二六〜五五一頁、中国文史出版社、二〇二〇年（中文）

「重慶爆撃における空爆孤児の被害体験」NPO法人 都市無差別爆撃の原型・重慶大爆撃を語り継ぐ会編『カラー映画に撮られた重慶大爆撃――数奇な運命を辿った記録映画「苦干」の世界』六〇〜七九頁、二〇二三年

「真の歴史の守り手としての市民運動――加害の歴史の伝達タブー、忘却、歴史修正主義に立ち向かう」『七三一資料センター』四六号、一九〜二五頁、NPO法人七三一部隊・細菌戦資料センター、二〇二四年

3　中国の政治体制に関する思索

「『礼俗』社会から『組織』社会、そしてポスト『組織』社会へ――中国における『共同体』」中牧弘允編『共同体の二〇世紀――二〇世紀における諸民族文化の伝統と変容』七六〜九五頁、ドメス出版、一九九八年

「中国の社会主義制度における婚姻――体制と個人の決断」東京女子大学助女性学研究所編『結婚の比較文化』七三〜一〇三頁、勁草書房、二〇〇一年

「人民に奉仕する英雄――全体主義下の個人と『人民』」『民博通信』№一一四、六〜七頁、国立民族学博物館、

二〇〇六年
『「知識分子」の思想的転換――建国初期の潘光旦、費孝通とその周囲』風響社、二〇一五年
「細菌戦の戦争記憶とその語り――民衆の被害記憶に見られる社会と国家」『現代中国研究』三七号、一五〜二三頁、中国現代史研究会、二〇一六年
『知識分子的思想転変――新中国成立初期的潘光旦、費孝通及其周囲』聶暁華訳、聶莉莉訳文校正、国立清華大学出版社、二〇一八年（中文）
「時代大潮中的『選択者』『掙扎者』――解読潘光旦一九四七〜五〇年日記（時代潮流における『選択者』『逆らう者』潘光旦一九四七〜五〇日記を読解する）」『東京女子大学論集』七〇巻二号、六三〜九九頁、二〇二〇年（中文）
「犠牲となった人民――中国共産党大会の象徴的意味」『世界』二月号、七四〜八二頁、岩波書店、二〇二三年

4 日中の政治文化比較

「従年青一代看日本文化」『文化差異与衝突――中日文化精神与国民性的社会学比較』二一六〜二三九頁、遼寧人民出版社、二〇〇九年（中文）
「コメント」（シンポジウム「現代世界の中で丸山眞男をどう読むか」）『丸山眞男記念比較思想研究センター報告』一〇号、四七〜五三頁、二〇一五年
「清末と幕末維新期の『頂梁柱』（大黒柱）政治家――変革期の日本と中国の政治の比較」『東京女子大学　比較文化研究所紀要』八四巻、二五〜五四頁、二〇二三年

年譜

年代	年齢	著者経歴	時代背景	政局
一九四九			中華人民共和国成立	毛沢東（1949~1976）
一九四九~五二			全国範囲で土地改革運動／政治理論学習運動／大学教師政治理論学習と思想改造運動	
一九五二			政府が社会学・人類学・民族学を学問の領域から排除	
一九五四	0	一〇月、誕生		
一九五七	3		反右派闘争、知識分子弾圧	
一九五八	4		毛沢東が大躍進政策を指示	
一九六一	7	小学校入学		
一九六三~六六			農村社会主義教育運動（「四清」、文化大革命の前奏）	
一九六六	12		文化大革命開始	江青、王洪文、張春橋、姚文元の「四人組」が勢力を得る
一九六八	14	中学校入学		
一九七〇	16	六月、北京郊外の北京大学附属工場に就職、労働者として勤務	「一打三反」（一つの打撃、三つの反対）運動	
一九七一	17		林彪のクーデター失敗、墜落死	
一九七一~七三			「批林運動」（林彪を批判）	
一九七四	20	附属工場の幹部に抜擢される	「批林批孔運動」（林彪と孔子を批判）	
一九七五	21		「批水滸運動」（水滸伝批判運動）	
一九七六	22		一月、周恩来が死去 四月、天安門事件、江青らが周恩来を追悼する民衆を弾圧する 九月、毛沢東が死去。「四人組」逮捕。文化大革命終結	

一九七七	23		文化大革命で中止されていた大学入試が再開される	
一九七八	24	七月、工場を退職 九月、中国人民大学哲学系に入学	党第一一期三中全会開催、改革開放政策開始	
一九七九	25		政府が廃除していた社会学・人類学・民族学が復活	華国鋒（1976~80）
一九八二	28	中国人民大学哲学系卒業 北京大学大学院修士課程社会学専攻に進学、費孝通に師事		鄧小平（1977~89）
一九八五	31	北京大学大学院修士課程修了 中国社会科学院社会学研究所に勤務		胡耀邦（1982~87）
一九八六	32	一月、公派私費留学生として来日 四月、東京大学大学院博士課程文化人類学専攻に進学、中根千枝・伊藤亜人に師事		趙紫陽（1987~89）
一九八九	35		六月、第二次天安門事件、急逝した胡耀邦を追悼する学生に対し、政府は最終的に軍を投入し鎮圧	
一九九〇	36	博士号取得 中国社会科学院を退職		
一九九二	38	博士論文『劉堡』出版	鄧小平「南巡講話」	江沢民（1989~2004）
一九九三	39	第二三回澁澤賞受賞 西南学院大学助教授		
一九九八	44	東京女子大学助教授		
二〇〇二	48	東京女子大学教授（~二〇二三）		胡錦涛（2002~12） 習近平（2012~）

書評・紹介・講演感想の抜粋（掲載順、著者の肩書は基本的に原文が提示した通り）

『劉堡——中国東北地方の宗族とその変容』東京大学出版会、一九九二年

佐々木衛「中国の社会生活と親族集団に関する優れた研究書」『週刊読書人』一九九二年九月
石井和夫「伝統と革命　聶莉莉『劉堡』を読む」『您好』四〇号、一九九二年一一月
江守五夫「一九九二年の収穫」『週刊読書人』一九九二年一二月
小熊　誠「書評『劉堡』聶莉莉著」『中国研究月報』五三九号、一九九三年一月
西澤治彦「中国農村社会研究の新しい展開」『東方』一四三号、一九九三年二月
牛山敬二「農民の価値観　変わるものと変わらないもの」『北海道新聞（夕刊）』一九九三年五月一九日
王崧興「聶莉莉著『劉堡　中国東北地方の宗族とその変容』」『民族学研究』五八巻二号、一九九三年九月
溝口雄三「私のすすめる本　聶莉莉著『劉堡』」『日中友好新聞』一九九五年三月一五日

『中国民衆の戦争記憶——日本軍の細菌戦による傷跡』明石書店、二〇〇六年

藤森節子「常徳での細菌戦の民衆被害　聶莉莉さん（文化人類学者）の調査報告を聞く」『象』五四号、二〇〇六年春

笠原十九司「中国民衆の体験と戦争の記憶」『前衛』二〇〇七年八月号
石島紀之「ナショナル・ヒストリーを超える日中戦争史をめざして　一中国研究者からの提言」『歴史評論』二〇〇七年九月号
吉馴明子「今に残る日本軍細菌戦による傷跡」『婦人新報』一三四九号、二〇一四年一二月

『「知識分子」の思想的転換——建国初期の潘光旦、費孝通とその周囲』風響社、二〇一五年

野村浩一（手紙、二〇一六年一月五日）『知識分子的思想轉変　新中国初期的潘光旦、費孝通及其周圍』国立清華大学に中国語訳文を掲載、二〇一八年
西澤治彦「知識人の思想的転換を通してみる中国革命の光と影　聶莉莉著「『知識分子』の思想的転換　建国初期の潘光旦、費孝通とその周囲」『東方』四三三号、二〇一七年三月
日経新聞「『知識分子』の思想的転換　聶莉莉著」『日本経済新聞』二〇一七年三月二七日
張　放「再思中共革命与知識分子的思想改造　評聶莉莉『知識分子的思想轉変　新中国初期的潘光旦、費孝通及其周圍』」『ICCS 現代中国学ジャーナル』一二（二）、二〇一九年

一、『劉堡——中国東北地方の宗族とその変容』（東京大学出版会、一九九二年）

中国の社会生活と親族集団に関する優れた研究書

佐々木衛（山口大学教授）

この一、二年の間に、中国の社会生活と親族集団に関する優れた研究書が相次いで刊行されている。本書は、この中でも最も優れた秀作と評価できる力作である。論点を外さない記述の簡明さ、それを可能にする資料の確かさ、そして著者の経験のリアリティーが本書を貫いている。しかし何よりも、次のことを強調する必要がある。中国社会で最も重要な事実は、個人的な関係と人脈の中にあるということを誰でも認める。しかし個人的な人脈のネットワークは、外部のものに隠されたところにあり、容易にうかがうことができない。著者が最も力を入れて明らかにした事実は、ほかならないこの個人的な人脈の構造と構成の論理である。

本書は、東北地方遼寧省の一村落の革命前から今日にいたる社会の変容を、社会人類学的な調査資料にもとづいて記述している。近・現代中国社会の激しい変動の過程で、社会構造の基本原理がどのように変容したか、あるいは形態を変えながら持続しているかという問題に、具体的な実態を提示し分析をくわえている。（省略）［以下、文中の（省略）は引用割愛箇所を示す］

本書が明らかにした事実は、「農民は、彼らの意識にある固有の価値体系に当てはめてしか外部のものを受け入れられないので、表面的には新しい社会組織に加わっても、現実には、固有の価値観によって無意識的に彼らの行動は左右される」(二九九頁)ということであった。一九四七年の秋に当地で土地改革が始まって以来、一九八三年に人民公社が解体されるまでの三六年間は、血縁関係の枠組みを越えた合理的な社会制度を組織し、普遍的な公徳と規律の観念を樹立する壮大な実験であったに違いない。しかし、野心家の勢力集団が新たに形成され、村の社会制度は彼の「圏子」(派閥)に牛耳られた。人々の血縁関係と私的紐帯は断ち切られることなく、抑制された宗族に代わって、村落の社会生活の中に私的な利害を誘導させたのである。その中心となった男と、彼の「圏子」に入った人々の親族と姻戚の関係、そして彼らが「圏子」を頼みとせざるを得なかった個々の事情を、著者は丹念に記述している。

著者は、この私的な関係の原理を「親《チィン》」と呼ぶ。親族としての感情であり、同時に、宗族と姻戚をも含む親族関係をも意味する概念(一九三頁)と説明している。宗族集団が凝集力を失い、社会構造の骨格として機能しなくなったのに対応して、個人的な目的や利害が互いの依存関係を「親」の「網」に輻輳《ふくそう》させ、姻戚関係が仲間としての絆を強化させたと著者は分析している。宗族集団の構造と秩序が、新しい社会環境の中で形式的に変容しながらも、しかし個人的な目的と利害の追及というより直接的な意図によって、「圏子」の形成の中に実質的に再生されていると解釈している。

さて今後に検討されるべき課題を提起しよう。著者は、漢民族の親族構造の特質は、共同性と分散性という対立的な性格の均衡にあるとみている。しかし、分化(分節化)と統合という図式は、さらに両者の論理的な関連が明らかにされる必要がある。(省略)また、こうした論理が、著者の分析した「親」

の構造にどのように継承されたか、という問題である。（省略）もちろん、この課題は著者のみが回答を求められているのではなく、評者自身に課せられてもいる。（『週刊読書人』一九九二年九月）

＊＊＊

伝統と革命　聶莉莉『劉堡』を読む　石井和夫（東京大学出版会顧問）

「専制君主の統治下にあった旧中国の強大な権威主義、それは制定法を貫く基調であるとともに、血縁集団では耆老が絶対的な権威をもち、他にすべて従属し支配される」。（省略）

前近代的な社会構造状況を例証しつつ、いかにして、これを克服し人権の確立した近代社会に移行すべきか。東洋的アンシャン・レジームの岩盤に激しく鏨《たがね》を打ちこむ仁井田陞教授の情熱的講義を聴いたのは、中華人民共和国が成立した翌年、一九五〇年のことであった。

東洋社会の奴隷的性格＝東洋的専制の成立基盤を、村落の特殊性と農業の特殊性とにおいて解明するその論理は、農地改革によって打破されつつあった我が国の封建遺制を思わせると同時に、敗戦時、望見した旧満州の農民を思い起させた。といっても、八月一五日の前後数日、鴨緑江から奉天（瀋陽）まで北上し南下した有蓋貨車からの寸見にすぎない。にもかかわらず、茫漠たる高粱畑に点在する人影と暗夜にまたたく家の灯は、郷愁に似た何かを私の心に刻みつけていたのである。彼らは如何に生き、何を考えているのか。

それから四〇余年、私はこの一冊の本で、その一端を垣間見ることができた。（省略）

「劉堡」とは、劉氏一姓村（単一家族村落）の意で地理的名称ではない。遼東半島の北、かつて軍閥張作霖が本拠地とした海城県のほぼ中央に位置するこの集落は、もともと山東省から清朝の「招墾」政策に応じた劉承勳が満洲老爺の土地を借りて開拓耕起した村。以来、承勳を「老祖宗」と仰ぎ、「族譜」を編み、「墳会」（祖先祭祀）を中心に、一族の結束をはかってきた。

宗族は伝統的な中国の社会構造であり、父系血縁集団、均分相続制等の基本原理により、独特の規範制度をつくって、村内秩序を維持してきた。その意味で「劉堡」は、その典型的事例である。しかし、この半世紀余り、中国は激しい変動を続け、その中で宗族は解体し、「規範」は揺いでいった。

この労作は、その現在時点における、社会人類学的方法によって行った実態調査の報告である。（省略）

中国の「社会調査」といえば、まず毛沢東の「湖南農民運動視察報告」（一九二七年三月）をあげねばなるまい。「調査なくして発言権なし」の言葉通り、農民と郷紳の階級関係を明らかにし、「すべての権力を農民組合へ」をスローガンに、土豪劣紳に狙いをさだめ、封建勢力の転覆をはかる、すぐれて革命的なこの報告は、つづく第二次国内革命戦争下における「興国県の調査」（一九三一年七月）で、ソビエトの設定、農村の軍事化へと戦略的展開を遂げていく。

聶さんの本は実事求是において、それに通底し、手法と目的では異なるものを持つ。世代の違いはいうまでもない。革命期における創造的破壊の実践性と、建設期における学問的客観的な普遍性追求の差というべきであろうか。

聶さんと初めて会ったのは、たまたま北京で顔をあわせた東京大学の中根千枝教授から「私の本（『社会人類学――アジア諸社会の考察』一九八七年、東京大学出版会）を訳したいという子がいるの、一緒に食事しない」と誘われたときのことである。

驚いたことに、莉莉さんは日中友好元軍人の会が招いた第一回留学生・聶暁華さんの妹さんだった。高橋昌敏さんが「華ちゃん、華ちゃん」とわが娘のように可愛がったお姉さんに似て、すらりとした佳人。「姉は秀才、私は頑張り屋」と笑う。この頑張り屋さん、尋常一様のものではない。（省略）

文化大革命によって、一家離散し、八年間の工場で労働と政治学習に明け暮れる生活は、彼女に、人を見る眼、人間関係や政治運動の力学についての観察力を育てたという。四人組追放後、中国人民大学に進学、哲学系を選んだのは、より根本的な原理追究のためであったろう。やがて卒業とともに北京大学大学院へすすみ、費孝通教授の門を叩く。

費教授は中国における郷村調査の先達、ロンドン大学*でマリノウスキーに社会人類学を学び、江蘇省農村を対象に Peasent Life in China（邦訳『支那の農民生活』一九三九年、生活社）を公刊、世界にその名を知られた。

その費先生について莉莉さんは八六年、中根千枝教授の指導を受けるべく日本留学の途につく。（省略）

中根千枝さんが単身インドの奥地に踏み込んで『未開の顔・文明の顔』（一九五九年、中央公論社）を公刊、世間をあっと言わせたのは記憶に新しい。聶さんも、その道を歩む。「劉堡」を選んだのは費教授の助言による。「自分の故郷の調査から始めるのがいい」と。父上の生まれ育った鉄嶺がそれにあたるが、都会育ちの彼女にはなじみがない。そこで、「劉堡」出身の父上の友人をたより、その親戚の「姪」として寄留する一方、中国社会科学院の「紹介状」を携え、正式に、省・市・郷政府の許可をとる。たった一人で村人と「公私兼備、不遠不近」の関係をもち、調査に臨んだわけである。これからの調査者と被調査者の関係が面白い。さながら井伏鱒二の小説世界。観察者が観察され、その一挙手一投足を見はられる。

村人のもっとも知りたいのは、彼女の身分であった。村人の頭には、土地改革から文化大革命まで、政治運動展開の都度、政府から派遣された工作隊の「摸底調査」(内情探査)があった。長期にわたって農家に住み込むよそ者は工作組だけ。憶測のとびかうさまはゴーゴリの「検察官」を彷彿させる。「都市での政治運動を経験した私は、農村での政治運動が都市に劣らずどのように醜いものであったか、初めて分かった」との告白は、彼女の問題意識を語って余りあろう。

(本書の内容を紹介する部分を省略)

聶さんは最後に「伝統と変化」について言及し、「儒教文明に欠けていた普遍の公徳・公理及び規律の概念を樹立すること」の必要を説く、がしかし、「価値体系の変容は、平和的な方法で自然に行われるしかないのだ」と結論づけている。革命後に生まれ育ち、青春期に文化大革命を体験し、革命以後の伝統社会を緻密に調査した人ならではの重みを感じさせる言葉である。

なお、本書は随所に諺を活用して理解を助け、一括して巻末に掲げている。その親切、まさに漢民族五千年の知恵の結晶といわねばなるまい。今日の中国を知るために、ぜひ読んでいただきたいと思う本である。(『您好』四〇号、一九九二年一一月)

*正しくは、ロンドン・スクール・オブ・エコノミクスである。

＊＊＊

一九九二年の収穫　江守五夫（帝京大学教授、比較家族史・人類学専攻）

（省略）今年は家族史にとり実り豊かな一年だった。中国の宗族制度の実態を東北地方の一農村で調査した聶莉莉の『劉堡』（東京大学出版会）も人類学的に高い水準の研究と言えよう。（『週刊読書人』一九九二年一二月二一日）

＊＊＊

書評『劉堡』聶莉莉著　小熊誠（沖縄国際大学文学部）

（省略）優れた民族誌は、ただ単なる当該コミュニティの記述に終わるのではなく、それを通して当該社会の基本的関係や構造を明晰に分析して見せる。本書も、劉堡における伝統的な家族や宗族をおさえ、それが民国期から満洲国時代、そして土地改革、人民公社、経済体制改革という国家レベルの政治的、経済的、社会的変革の中でどのように変化し、あるいは村落の人間関係にどのように作用したかを分析している。従来、新中国成立以後の国家中央の権力闘争や政策決定過程などについては政治学などの分野で研究が進んでいるが、それが村落レベルでどのように展開し、一般農民がどのように対応していったかという村落とそこに住む農民を視点に据えた研究は、『チェン村　中国農村の文革と近代化』などまだごく少数しか見ることができない。まして、いままで明らかにされてこなかった一連の改革でネガティブな側面をも本書では分析の対象としており、それが外国人研究者ではなく、ある意味で改革の体験者としての中国人研究者の手で客観的な調査と分析が行われたという点で、本書は社会人類学だけでなく、現代中国研究においても画期的な研究と言えよう。（省略）（『中国研究月報』一九九三年一月号）

＊＊＊

中国農村社会研究の新しい展開　西澤治彦（武蔵大学）

（省略）本書は、人類学の分野において、改革後、日本に学んだ中国人研究者による記念すべき最初の成果といえよう。（省略）

内容は、「伝統社会の宗族及び家族の構造」を扱う第一部、「時代の変遷と親族組織」を扱う第二部とに分かれる。（省略）どちらかと言うと「教科書的」第一部に比べ、第二部は、著者自身の調査に基づくオリジナルな事例に満ちており、俄然、面白くなる。満洲国時代の農村の実態が中国人人類学者によって論じられるのは、恐らく本書が最初であろうが、日本人としては、時代の移り変りとともに、歴史の重みを改めて感ぜずにはいられないであろう。満洲国建国後、国家による行政組織が強化され、それまで自治を保っていた村落内部に、「屯長」という政府の代理人がおかれた結果、宗族組織との分離がもたらされ、それに伴い宗族内部の結束も弱まっていったという。

それに続く土地改革は、より根底から中国農村社会を変えていった。評者は、文革時にみられた不条理は、土地改革まで遡って考える必要があると考えているが、本書の具体的な事例に基づく分析は、この点をより明確に指摘している。即ち、農民協会による「献納」の命令や、「成分」の勝手な変更は明らかに共産党の政策に違反していたが、最大の過ちは、あくまで経済的な基準で区分された階層に、政治・社会的な意味が付加され、地主であれば「反動」で支配の対象とされてしまったことである。しかもこの階級区分は、その後の中国農村の階級政策の根拠として、改革時まで固定化されたままであった。

土地改革に端を発する、親族組織の構造と社会階層の構造との分断は、続く人民公社化によって、より強固なものとなっていく。宗族はさらに抑制されるが、家族の内部においても、親子間の相続関係の変化など、従来あまり知られていなかった事実が、明らかにされている。もちろん、人民公社や生産大隊内の組織と運営の記述も有益であるが、人類学の立場からみてより興味深いのは、劉姓の党員と異姓との間でくりひろげられた権力闘争に関する分析であろう。支配的な劉姓に対抗するため、異姓の幹部は、派閥である「圏子」を形成するが、その際に姻戚関係が重要な働きをしているという。

本書では、「政治運動と親族」と題して別に一章を設け、外部からの工作隊が持ち込んだ数々の政治運動と、それに対応する村落内部の権力闘争とが、具体例とともに詳しく論じられている。

経済体制改革の進展する現代中国農村には、これだけの歴史的経緯が存在するわけであり、村内の人間関係のみならず、統治機構との関係における複雑さは、外国人の想像を超えるものがある。著者は、夫婦、兄弟、親子関係を中心に、改革後の家族関係の変化を分析しているが、住居の相続と親の扶養義務に関し、相続関係が売買関係に移行しているという事例の報告は、現代中国農村家族の変容ぶりを象徴しているといえよう。

従来、民族誌は同時代の記述に専念するのが通例であり、これは中国における民国期の古典的な民族誌も例外ではなかった。しかし、中国共産党が政権を獲得して以来、今日まで、中国農村社会は実に大きな変化をくぐり抜け、それに伴い、村落構造や親族構造も変容を余儀なくされてきた。こうした現状を前にすれば、誰しも通時的な視点を加え、変容の問題を主テーマにせざるを得ないであろう。実際、一九八〇年代以降の欧米の人類学者による調査報告も、同様に社会変化の問題を論じているものが多い。この作業は、中国革命の意味を、農民の立場から問い直す作業にもつながっており、現在、最も知的好奇心をかきたてられる研究テーマの一つであるが、その究明は、中国を研究対象とする同時代の人類学者に与えられた使命でもあり、また特権でもある。

この分野における先駆的な研究としては、広東における『チェン村』(アニタ・チャン他著、一九八四年、小林弘二監訳、一九八九年、筑摩書房)がある。本書は、『チェン村』の「東北版」といえなくもないが、現地調査に基づくだけに、情報量の密度は何倍も濃く、それだけ思想的にもより深いものがある。大方の読者は、よくここまで書いてくれたと、著者の勇気に感心することであろう。それを支えているのは、農民への限りない同情の念と、祖国の過去と未来に対する深い思慮であり、読者はこの点でも、本書に静かな感動を覚えることであろう。

さて、著者の主要な論点である社会変化の問題であるが、革命以後の急激な社会変化に対し、著者は民国以前を「伝統社会」として対比させている。本書の構成でいえば、第一部で描かれている社会が、第二部のように変化した。ということになろう。著者の力点は革命以降の社会変化にあり、この限りにおいて本書は十分な説得力をもつが、「伝統社会」なるものはあくまで相対的なものだけに、このような単純な二分法によった場合、視野から消えてしまう領域がでてしまおう。例えば、革命以降の政策とそれに対応する村内の熾烈な争いなども、どこまでが共産党の不条理な政策の結果であり、どこまでが中国農村に固有の特性であるのか、という問題がそれである。(省略)

読者の中には、著者が、革命以降の社会変化の要因を、主に中央からの政策に帰していることに対し、やや単純に過ぎるのではないかと考える人もいよう。確かに、通常、社会変化は主に経済的な要因で引き起こされると考えられるが、革命後の中国では農民の経済力に大きな変動はなく、専ら政治の力のみで、著者が論じているような諸変化が生じているのである。それだけに革命後の中国農村は、社会変化を考えるうえでも希有な事例と言えよう。(省略)

著者の恩師である費孝通の出世作、**Peasant Life in China** は一九三九年にロンドンにて英文で出版された。同年日本語訳も出版されたが、*中国語訳が出版されたのは、実に四七年後の一九八六年のことであった。『劉堡』が日本語で出版されたことは、日本の読者にとってはありがたいことであるが、本書の中国語版が本土で出版されるには、やはり多少の時間を必要としよう。世界の学問水準に達している本書が、早く本土にもフィードバックされ、本土の研究者と、本書の論点を共有しあった上で議論が展開できるようになることを望みたい。(『東方』一四三号、一九九三年二月)

*日本語版『支那の農民生活』は一九三九年に出版された(石井和夫氏書評を参照)。

＊＊＊

農民の価値観　変わるものと変わらないもの

牛山敬二（北海道大学経済学部教授）

私はひごろ、二十世紀になってからの世界各国の農村社会構造の変化と農民の価値観との関連に関心をもっている。

先日たまたま小林金三さんの随筆集『木鶏の記――ある新聞記者の回想』（北海道新聞社、一九九〇年）を読んでいて、たいへん興味を覚える部分に出合った。昔、新京（現在の長春）におかれていた建国大学での小林さんの同窓聶長林（ニエ・チャンリン）さんという方がおられたが、その末娘の莉莉さんが、中国遼寧省海城県の一農村を調査した研究が日本で高く評価され、近く出版されるという箇所である。偶然私はその本を持っていた。

ニエ・リリさんは一九八七年から八八年にかけての七カ月、同じ集落に住み込んで、六七戸全戸のライフ・ヒストリー（生活史）を聞き取り調査した。清から民国までの時代の伝統的な「宗族社会」の組織は、「満州国」時代・革命後の土地改革・人民公社・文化大革命・経済改革を経るうちに、破壊されて、大きく変化していった。（省略）

しかしニエ・リリさんは半面で、そのような中国社会の激しい構造変動のあとの現時点でも、伝統社会の基本的な構造原理がむしろ親族原理以外の人間関係に拡大し、人民公社や共産党のなかにまで浸透し、生活感覚としては変化しないで残っている部分があると面白い事実を見つけだし、その変化と残存の脈絡を明らかにしようとしている。（省略）

じつは私もポーランドの農村に滞在して一集落の全戸のライフ・ヒストリー調査に参加した。（省略）

ポーランドの農民も一九一八年にやっと独立した後、徐々に大地主制度が解消されて自作の個人農が中心になるが、ヒトラーの侵略や、スターリンの農業集団化政策や、その後の執拗な社会化政策にもかかわらず、その下で耐え、個人農として生き残ってきた。その生命力は主に家族（親戚・姻戚の関係をふくむ）の結合から生みだされた。たぶん家族だけが「生きること」のより所だったのだろう。ここでも社会環境の激変のなかで、変わらない価値体系の存在が認められた。

今、農民は中国でもポーランドでも、いわゆる近代化と市場経済化のなかで、慣習や伝統の外皮を剝ぎ取られて、いわば甲羅を脱皮したばかりの蟹のような姿にされ、親族だけが互いに寄り添って生きようとしているかに見えるが、あきらかに前途には大きな困難が待ち構えている。それは四〇年まえの日本の農家の姿に似ているように思える。

今の日本の農民家族をみれば、農民自身がもはやわが子には農業を継がせまいという選択に踏み切ったということである。

つぎの二一世紀の農民経営の行方を指し示すものが、このような日本の現状であるといったら、中国の農民、ポーランドの農民は、はたしてそれを彼らの理想社会と考えるであろうか。（『北海道新聞（夕刊）』一九九三年五月一九日）

＊＊＊

聶莉莉著『劉堡　中国東北地方の宗族とその変容』

王崧興（千葉大学）

中国における人類学フィールドワークの経験があるならば、だれでもプロジェクトの遂行に関して中国政府がもっとも重要なカギを握っていることを知っている。自国民である著者も例外ではない。調査地は父君の親友の出身地であっても、尚中国社会科学院の「紹介状」を持ち、更に省・市・郷政府の正式許可を取る。これら一連の手続きを踏まえた後、農民と接触する。これは中国で実地調査する際の人類学者の職業的倫理とも言えよう。なぜならば、中国の現状では研究対象の農民にとって、外部の人と接触することは政治的にかなり危険を冒すことになる。人々の心理的負担を少しでも和らげ、調査者とフランクに話し、友人となるには、公式チャンネルを通すしか方法はない。したがって、この状況での調査には勿論色々と制約があるのだが、著者はそれを乗り越え、多くの一次資料を収集し、中国東北のある農村の姿を生き生きと描述している。（省略）

本誌で取り挙げる書評として当然本書の人類学的研究の側面に焦点を合わせたい。現地調査はかなり成功したものの、人類学的分析に就て付加える点は多々ある。（省略）

問題点を指摘したが、とは云え本書の人類学的貢献を否定するつもりはない。私としては本書をむしろ中国研究の入門書として推薦したい。中国の宗族や家族を専門的に扱った著作は、難解な用語や原典に溢れ、中国を知ろうとする初心者を敬遠しがちである。一方、本書は教科書の用語を中国の実例に照らし合わせて、平易に記述する。しかも、民俗表現の諺を豊富に（ときにはオーバーに）用い、農村の生活臭ふんぷんとしとり、とくに生き生きした人間関係の描写は秀れている。（省略）（『民族学研究』

（一九九三年九月）

＊＊＊

私のすすめる本　聶莉莉著『劉堡』

溝口雄三（大東文化大学教授　中国思想史）

（省略）この本は、劉堡に父祖の代から住みつづけている農民たちが、清朝末期から民国時代、そして革命中国時代という激動の歴史の中を、どのように伝統的な生活風習や生活意識を伝えてき、またどのような変革の嵐を経てきたなどを、丹念に聞き取り調査したものである。

それによると、この地には昔から「窮不過三代、富不過三代」（貧乏も裕福な暮らしもどちらも三代とは続かない）という諺があり、実際、父親の代には金持ちだったのが息子の代にはすっかり貧乏になるというような現象が、民国時代にはザラにあった。

ショッキングなのは、父の代に貧乏だったのを、自分の代に一生懸命働いてやっと貧乏をぬけ出して富裕になった農民が、革命になったとたん、富戸のレッテルを貼られて迫害され、一方怠けて働かずに貧農に落ちぶれていた農民が、革命でニワカ幹部になり、散々権力を笠に悪事を働く、などといった事例が、珍しくなかった、ということである。

他方、改革は改革で進み、「在家従父、在嫁従夫」（家では父、嫁しては夫に従う）ものとされてきていた女性が、解放後には「嫁的是這個人、不是這個家」（夫の妻であって家の嫁ではない）、あるいは「出一家、再進一家」（夫が死ねば再婚する）というようになるなどの変化が、革命によってもたらされた。

私たちは、中国社会の実状を、映画や小説を通して大小なりに知ってはいるが、この本は、一つの村を舞台に、数十年以上の時間の長さにわたって、全村を視野の中に入れながら、村の人々の織りなすドラマを、じっくりと写し出したものである。

革命で何が変り何が変らなかったか、表面の変化の裏側に何が隠されていたか、中国の農民の生活感情はどのようなものか、どういう習慣の中で生きているのか、全てが実例として示されている。

今、中国は開放政策が進み、この村の中の生活ドラマのテンポも急に速くなっているに違いない。「発財換妻」（金持ちになって妻を棄て若い女と一緒になる）、「外遇棄夫」（他の男と一緒になって夫を棄てる）などの事例も増えているだろうか。

ぜひご一読をおすすめしたい。（『日中友好新聞』一九九五年三月一五日）

二、『中国民衆の戦争記憶——日本軍の細菌戦による傷跡』（明石書店、二〇〇六年）

常徳での細菌戦の民衆被害　聶莉莉さん（文化人類学者）の調査報告を聞く　藤森節子

（省略）新聞の片隅に目立たない形で記載された「日本の旧植民地・被占領地域の人々は現在日本をどう考えているか——人類学者の視点から」というシリーズ、主催は南山大学人類学研究所だ。人類学とか、文化人類学とかいう分野を、実はまったくいわれもなくずっと敬遠してきたので、二の足を踏む思いもあった。が、これまで私自身が考えてきた「植民地における日本語」の問題はひとりで考えてきたものだったので、果たしてその考えをそのまますすめていってよいのか、というくらかの懸念も持っていたことから、その座標軸を確認する意味から、ぜひとも話を聞いてみたいと思った。ここでは立ち入らないけれども、そのときの上水流《かみずる》久彦さん（県立広島大学）の話には多くのことを教えられ、また私が据えた軸に、たいしたまちがいのないらしいことを確かめることもできた。こうした穴から這いだしたのがきっかけで二度目のチャンスがやってきた。シリーズの最終回として「中国民衆の戦争記憶——旧日本軍による細菌戦をめぐって」という演題の聶莉莉さんの講演があるという案内をもらった。講師の聶莉莉はその名前からして中国人であり、女性であるらしいことも私を惹きつけた。旧日本軍による細菌戦と文化人類学とはどうつながるのか、見当はつかなかったが、このテーマでの講演を聞きのがすのは、あまりにも惜しまれる。そして、その話を聞いてからの私は、細菌戦の被害調査が文化人類学者によって行われたことの意味を、私なりに深く納得したのだ。そのことを書き記しておきたい。

（聴講ノート「常徳という町」「なぜここまでペストが伝播したか」「民謡となった記憶」などの部分を省略）

聶莉莉さんは『劉堡――中国東北地方の宗族とその変容』という著書もある文化人類学者であって、その仕事は中国社会を中国民衆の眼で下から見るところにあるのだという。

私は、「その死者たち一人ひとりの身の上に思いを馳せること」の必要を主張してはいたものの、実はそれが見えていなかったように思う。その私でも聶さんの話を聞くことによって、少しだけ民衆の姿が起ちあがってくることを感じることができたように思うので、つたない聴講ノートを記すことにしたのだ。

聶さんは、「細菌戦被害国家賠償訴訟」（湖南省、浙江省の一八〇名の細菌戦被害者と遺族が一九九七年八月に東京地裁に裁判を起こし、二〇〇二年八月に第一審判決。現在東京高裁控訴中）の証人としても裁判に参加している。

東京地裁の判決文には、「特に本件の被害地域のように人的な繋がりが強い地域では、ペストはそのような社会形態を介して伝播し、人々を次々に死に追いやることから、差別とお互いの疑心暗鬼を招き、地域社会の崩壊をもたらすとともに、人々の心理に深刻な傷跡を残す。そして、ペストは本来齧歯類の病気であることから、ヒト間の流行が治まった後も、病原体が自然の生物界で保存され、ヒトの間に感染する可能性が長く残存する。その意味で、ペストは、地域社会を崩壊させるだけではなく、環境をも長期間に渡って汚染する病気であると言える」とあって、この一文に関する限りは日本の裁判でも細菌戦が殺傷以上の人間生活の破壊に及ぶものであることを確認するものとなっている。

聶さんは、レジメの最後を、

「四、細菌戦訴訟の意味

1. 国境、民族、被害者や加害者の溝を超えて歴史的真実を求める

2. 被害者の尊厳を回復する唯一の道は、歴史の真実を認めること

3. 戦争の負の遺産を継承

4. 平和、人権と真の日中友好のために

むすび　歴史の影から抜け出すことに向けて」

と締めくくった。そして、被害者一人ひとりが、一族にとっての大切な人であったということを認識してほしい、被害者を人間として見つめる眼をもってほしいという言葉を添えた。

「被害者の尊厳を回復する」という思想に私は深く同感する。（『象』五四号、二〇〇六年春）

＊＊＊

中国民衆の体験と戦争の記憶　笠原十九司（都留文科大学教授）

（一、膨大な戦争の記憶の収集と記録、二、抗日戦争という「国家の記憶」の部分を省略）

三、「民衆の戦争記憶」と向き合う新たな成果

私はかつて拙稿「犠牲者の顔と名前を想起しない日本人」において、「日本人の戦争認識のあり方として大切なのは、私たちが南京虐殺の悲劇、犠牲になった家族、民衆、兵士たちの苦しみや悲しみを誠実に想起すること、犠牲になった人たち一人ひとりの悲しみと不幸を心に刻むように思い起こすこと」と書き、その私なりの実践として、南京事件の被害体験者のライフ・ヒストリーの聞き取りを行い、南京事件が被害者の生涯にどのような影響をもたらしたのか、被害者それぞれのかけがえのない家族と生活と人生が日本軍の暴力によって踏みにじられことが、いかに残酷で悲劇的であったか、その一端を「民衆の戦争記憶」と向き合うことによって明らかにした。（省略）

こうした私の問題意識にかなった調査・研究作業が中国人の研究者やジャーナリストらによって行われ、以下にその事例を紹介するような成果が発表されるようになったのは、新たな時代の到来を思わせる。普遍的な人権意識、戦争認識に基づいた「民衆の戦争記憶」の記録書は、日本人とか中国人とかの国籍・民族を超えた、人間としての共感を覚えるものであり、日本と中国との間の「戦争認識」「歴史認識」の共有の可能性を感じさせるものである。中国国内においてもこのような調査・研究作業が広く進められるようになることを期待するばかりである。

1．聶莉莉『中国民衆の戦争記憶　日本軍の細菌戦による傷跡』

本書は、一九四一年一一月四日、日本軍七三一部隊と一六六四部隊の共同作戦によって実行された湖南省常徳地域に対するペスト菌散布の結果生じた戦争被害について、文化人類学者聶莉莉氏が、

一九九八年以来七年にわたって現地の被害者や遺族を訪問し、被害記憶の聞き取り調査を行った記録をまとめたものである。(省略)

聶莉莉氏はこれまでの中国の抗日戦争という「国家の記憶」が、「侵略や戦争被害を受けた過去に対し、往々にして最終的には、『前車之鑒』、即ち歴史の失敗から得た戒めを国家や民族の弱さに帰し、再び列強に凌辱されないような中華を蹶起させ、強大な国家を創るために人民は進んで貢献しよう、というような愛国主義の呼びかけに帰結する。歴史に対するマクロ的な把握から展開された議論は、結局、壮大な共同体に結着することとなる。庶民の個々の人間的存在は、せいぜいその中の『群衆』という名の一要素となり、無個性の一分子となった」(同書三六頁)と述べ、さらに「総じて、中国の博物館における過去の戦争に関する展示は、戦禍下の人間を見つめる配慮が乏しく、戦争被害を抽象的な数字に吸収させ、具体像が捨象される傾向にある」(同三〇頁)と述べ、中国には地方行政機構のなかに地方誌編纂委員会、地方党史編纂委員会などがあって、地方誌、地方史を公刊してきたが、それらは「権力構造のイメージに沿って歴史を形作る記録装置としての機能」しているので、民衆の生活史や運命に目を向けなかった、したがって「中国においても、底辺部の地域社会史や普通の個人のライフ・ヒストリーは、今まで重要視されず、そのための資料もほとんど保存されてこなかった」(四六頁)と述べている。

これに対して、聶莉莉氏は、細菌戦が実施された常徳地域の村のその後の被害状況がどうであったのか、その甚大な被害を受けた地域社会の人びとがその後どうなったのか、「民衆の戦争記憶」を七年間にわたって、現地農村を訪れ、聞き取り調査を行ったのである。「戦争に巻き込まれた普通の人びとはどのように被害に遭ったか、被害がその個人や家族、地域社会にどのような影響を与えたか、また、戦争が人びとの心に何を刻んだか、その傷跡はどのように持ち続けられたか、戦禍に見舞われる人間の立場に立ってこれらの問題を究明する研究は、戦争の本当の姿を知る上で欠いてはならない視角だと思われる」（二七頁）というのが彼女の調査研究の基本的視座である。（省略）

常徳地域の民衆が細菌戦の被害記憶を語るようになったのは、一九九七年に、日本軍の細菌戦被害に関する国家賠償訴訟が、中国の被害者による原告団と日本人弁護士によって東京地裁に提訴されたのが契機となった。常徳において、被害を受けた本人や遺族によって常徳七三一部隊細菌戦被害調査委員会が結成され、二〇〇二年までにおよそ一万五千通の被害陳述書が届けられた。賠償訴訟の原告団が東京地裁に提出した訴状によると、常徳地域の細菌戦被害者は七六四三人である。

それまで、中国政府当局は、細菌戦被害に関して注意をはらうことはなかった。被害者たちは「戦争記憶」「被害記憶」を公的に語る場がなく、長い間沈黙をしてきたのだった。聶莉莉氏は、日本の細菌戦被害調査の弁護士、歴史学者、市民団体などと「日中の共同作業」に参加するなかで、記憶の封印を切った細菌戦の被害者や遺族から「民衆の戦争記憶」を収集・記録したのである。（『前衛』二〇〇七年八月号）

＊＊＊

ナショナル・ヒストリーを超える日中戦争史をめざして　―中国研究者からの提言

石島紀之（フェリス女学院大学教授）

（はじめに、一、日中戦争の記憶についての部分を省略）

二、日中戦争史研究の課題

ここでは、前節で論じた戦争の記憶とナショナリズムの問題をふまえつつ、日本人の中国研究者が日中戦争期の中国を研究する場合の課題について述べる。

第一に、日本による戦争犯罪と侵略戦争が中国の民衆に与えた被害についての研究を、日本史研究者、および中国の研究者と協力して、さらに精力的におしすすめなければならない。（省略）

第二に、戦争責任にかかわる問題をふまえたうえで、日中戦争時期の中国を外国史として客体化して研究することは、日本人の中国研究のやはり重要な課題の一つである。（省略）

研究状況をふまえて、ここでは二、三の問題提起を行いたい。

第一は、「ナショナル・ヒストリー」批判にかかわる問題である。（省略）

第二は、日中戦争時期の政治史・経済史・教育文化史に関する研究をさらに進展させるとともに、中国社会を多様な側面からとらえ、その深層にせまる研究に取り組むことが必要である。日中戦争はその長期性と困難さのゆえに、中国社会をその底部から大きく変動させざるをえず、そのことが戦後から現在にいたる中国社会のあり方につよく影響したと考えられる。（省略）

幸い、昨年から今年にかけて、上記の問題提起に対応する二冊のすぐれた書籍が出版されたので紹介しよう。

一つは東京の大学で教鞭をとっている中国人文化人類学者聶莉莉が湖南省常徳地域での日本軍七三一部隊による細菌戦被害について叙述した『中国民衆の戦争記憶　日本軍の細菌戦による傷跡』であり、他の一つは中国近現代史研究者の笹川裕史と奥村哲が日中戦争時期の四川省の農村社会の実相を描いた

『銃後の中国社会　日中戦争下の総動員と農村』である。

聶莉莉は、「中国の現代史に関する正統的言説は、基本的には国家主義的なスタンスに立ち、民衆を苦難から救出した共産党や現在の国家政権の正統性と権威を支えるために、議論を展開するもの」であり、他方、「侵略者の暴行を受けた一般民衆は「難民」や「被害群衆」というような複数形の用語で一括して言われることが多い」と述べ（三五頁）、中国における国家の記憶のあり方を批判する。当時、民国政府や防疫担当当事者が残した常徳地域における被害記憶は、「実際の状況と甚だしい誤差」があった（二八―二九頁）。また細菌戦に関する「記憶の場」もほとんど実在せず（三〇頁）、これによる戦争被害は、「多くの被害者や遺族の個人の心の深層に閉じこめてきて、人前で語られなかった」のである（三七頁）。現地の細菌戦被害調査団は被害地域の聞き取り調査によって、民国政府が記録した死者数七九人の一〇〇倍近い被害者数をわりだした（二八頁）。これも文書史料の限界、及び聞き取りの史料としての価値を示す一例である。

聶莉莉のこの本は、「細菌戦被害を受けた常徳の人びとのオーラルヒストリーを主として文化人類学的視点から再構成する試み」であった（一五頁）。彼女は個人的記憶を史料とするにあたって「記憶の誤差や曖昧さを考慮」に入れ、「個々の事実についてできるかぎり多くの人から証言を得、相互に照合するように心がけ」、残存する文書史料などもあわせて、「細菌戦被害をめぐる一連の出来事をできるだけ客観的に検証し、記憶と資料との整合性を配慮した」と述べている（一六頁）。また文化人類学的視点にたって「戦争と社会との相互作用を分析する」ことを視点の一つとし、「細菌戦被害の広がりの媒介となった社会生活の形態」、民衆の世界観や信仰体系が被害の拡大に与えた影響、「細菌戦被害が地域社会や被害者たちのその後の人生や生活に与えた影響を考察」している（一八―二二頁）。

こうして聶莉莉の著書は、常徳地域の細菌戦による戦争被害の全貌に近づきえただけでなく、日中戦争時期における地域の基層社会の実態を明らかにしたのである。（省略）

聶莉莉と笹川裕史・奥村哲は、別の角度からであるが、ともにするどい問題意識と研究方法を用いて日中戦争時期の中国社会の深層にせまるとともに、日中戦争に関する中国の「国家の物語」を批判している。この二冊の本は、今後の日中戦争研究の進むべき方向に重要な示唆を与えてくれるものである。

（『歴史評論』二〇〇七年九月号）

＊＊＊

今に残る日本軍細菌戦による傷跡

吉駲明子（キリスト教遺族の会・矯風会共催九・一八集会）

一人一人の被害者の声を、当時の風習や社会環境の中で聞くことで、細菌戦が民衆の生活を再興不能なまでに根底から崩したことがよく分かった。私たちはこの事態を直視し、今また戦禍を起こさぬように考え、声を上げ続けたい。また、被害者一人一人に、「国家」としての「謝罪」を表し、せめてもの償いを形にする道を探りたい。（『婦人新報』一三四九号、二〇一四年一二月）

三、『「知識分子」の思想的転換——建国初期の潘光旦、費孝通とその周囲』（風響社、二〇一五年）

野村浩一氏の書簡*

謹啓

お元気で新年をお迎えのことと拝察いたします。

暮れには、御高著『「知識分子」の思想的転換』を御恵与いただき、本当にありがとうございました。お礼の返事が遅れることを恐れ、とりあえずお礼をと思いつつ、内容がきわめて興味深いものでありましたため、時間をとって一読させていただきました。本書は大変な御労作と思います。これはやはり聶さんでなければ書けない、しかし他方、たぶん聶さんが書かなければならなかった著述と思います。その意味で歴史的な重みをもつのではないでしょうか。

副題にありますように、文字どおり「建国初期の潘光旦、費孝通とその周囲」について、これ以上ない綿密さ、実証性をもって叙述されており、学界を啓発すること多大と思います。

ここでは、多少私の関心に従って感想を述べたく思いますが、これまで内戦期の費孝通について多少とも勉強してきた者として、四九年頃から建国時期にかける変化は、当然のことながら、大きな関心事でした。しかし、この問題は、私、あるいは私どもにとって容易に手を出せない分野で、これらについての分析は、きわめて待たれていた問題でした。今回ここでの転換の容態が追究され、とりわけ土地改革工作隊の問題は、いったいどういう形で展開されたのか、とても知りたい問題でした。これが充分に解明されたと思います。それに、これまで潘光旦は、私にとって非常に分かりにくい人物でした。雑誌論文でいくつか接触したわけですが、どういうタイプの、どういう思想家、文化人であるのか、感じとることができませんでした。今回、ある意味では費孝通以上に潘を分析されているので、その特色、そしてその展開のあり方が理解できたと思います。それに馮友蘭、雷海宗、沈従文、呉景超など、それぞれ個性的な学者、思想家について、様々のことを教えられたと思います。

他方、別の観点から言いますと、戦後五〇年代半ばに研究を妨げた私たちにとって、当時宣伝された思想改造、人間革命といった言葉は、中国を理解する非常にまぶしい言葉で、むろん様々な受けとめ方はあったわけですけれども、やはりそれらが新中国理解の一つのキー・ワードであったような気がします（たぶんこの問題は、戦後日本がともあれ軍国日本から、平和、民主の日本へ転換するという時代状況と関連していたように思います）。しかし、ともあれ、土地改革の問題、その後の展開の問題の中で、中国は、共産党政権のもと、様々な転変を重ね、かつ私たちも余りにも巨大な振幅をもつ中国に直面してきたと言えるでしょう。

第八章＝終章は、文字どおり「知識人の思想的転換から中国革命を」分析しておられるわけで、本書全体の聶さんの充分な結論になっていると思います。その中で、私もまた、中国共産党のヴォキャブラリーが知識人の思考を強く束縛したと考えてきました。

まことに充分な重みをもつ研究書でした。そして、そのアプローチはやはり社会学を専攻してこられた聶さんの方法が実に堅実に展開されていました。私個人はつい、もう少し思想のドラマを掘り出したい気分になるのですけれども、しかし、それにしても、いわゆる中国革命は、現在をも含めてあまりにも重い課題です。

潘光旦、費孝通というふうにいえば、日本の読書界では、中々通用しないかもしれませんが、もとより本書は、長い期間の中で十分に受けとめられるでしょう。

まことにありがとうございました。重ねてお礼を申し上げます。

野村浩一　二〇一六年一月五日

＊野村浩一　中国思想史研究者。本書簡は、聶暁華訳『知識分子的思想轉変　新中国初期的潘光旦、費孝通及其周圍』国立清華大学、二〇一八年に、本人の同意を得たうえで掲載された。

＊＊＊

知識人の思想的転換を通してみる中国革命の光と影

聶莉莉著『「知識分子」の思想的転換　建国初期の潘光旦、費孝通とその周囲』

西澤治彦（武蔵大学教授）

中国の社会主義革命は中国の政治経済や社会組織ばかりでなく、学問を含む中国の伝統文化にも大きな変化をもたらした。中国を対象とする人類学的な研究においても、社会主義革命は一体、何をもたらしたのか、というのが一つの研究テーマとなっている。とりわけ、国外に留学した研究者は、中国社会を外から見る視点をもち得るし、中国にはない学問研究の自由もあって、内省的な研究がなされつつある。なかでも、改革開放が始まった一九八〇年代に日本に留学した世代にとっては、自分史とも重なるため、そうした傾向が強い。（省略）

本書の著者である聶莉莉氏もそうした世代を代表する研究者である。本書は、建国初期に焦点をあて、潘光旦や費孝通らの社会学（当時は人類学との大きな差異はなかった）者を中心に、民国期の知識人らが共産党体制と出会い、どのようにして思想改造を余儀なくされ、本来の学問を放棄していったのか、その軌跡を丹念に追い、彼らの「思想的転換」を通して、中国革命が意味するものを問い直そうとするものである。

社会主義革命以降、社会学を含む社会科学は否定され、その空白は長く改革開放まで続いた。従って、著者の世代にとっては、先人らの「思想的転換」を知るためにも、まず民国期の学問を熟知する必要があった。この過程は、「まえがき」でも述べられている通り、著者にとっても、世代間の断絶を埋める作業となった。その端緒となったのが、北京大学の院生時における、費孝通が書いた『郷土中国』（一九四七）の「再発見」であった。その時の感動は、「まえがき」に活き活きと描かれている。そこから著者の、半世紀もの空白を埋める作業が始まっていく。そこに垣間見えるのは民国期の知識人群像であった。一読者として、改めて民国期の知識人の古典への精通、視野の広さ、柔軟な思考、学問的な良心などに感服せざるを得ない。思うに、「文」は知性の根源であり、その「文」を扱う学問こそが「文学」であり、「文」の世界を知る人間が「文人」と称されたのである。潘光旦や費孝通らは、社会学者である前に「文人」であった。

当時の知識人、とりわけ本書が対象としている「高級知識人」が直面した苦悩と、その後の人生を思うと、読んでいて重たい気持ちにならざるを得ない。費孝通は少数民族地区へ赴いていたため、土地改革には参加していなかったが、反右派闘争で右派と批判され、文革中も迫害を受けた。潘光旦は文革の最中、迫害の末に費孝通に看取られながら非業の死を遂げた。同じ中国研究者として、彼らに心からの敬意と深い同情を禁じ得ない。と同時に、我々外国人研究者が背負っているものと、彼らとではまるで重さが違うということを痛感する。それは、本書の著者が背負っているものについても言えることである。

本書でも、土地改革に多くの紙面が割かれているように、土地改革こそが、多くの知識人の思想改造の契機であり、核心的な出来事であった。土地改革の実際の状況については、日本でも、福地いま著『私は中国の地主だった』（岩波書店一九五四年）や、秋山良照著『中国土地改革体験記』（中公新書一九七七年）などによって紹介されてはいた。中国でも改革開放以降は、映画『芙蓉鎮』（謝晋監督一九八七年）や『生きる』（張芸謀監督一九九四年）などでも、従来の教条主義的な観点とは決別し、民衆側の視点でもって描かれるようになってきていた。それでも、土地改革の実際の状況と、それに対峙した個々の知識人の対応は、外国人研究者には知る由もなかった。その意味でも本書は貴重な情報に満ちている。

土地改革にはそれなりの必然性もあったが、最大の問題はその方法にあった。もっとも、共産党の側からみれば、政権奪取後の土地改革は、革命根拠地での「土地革命」の延長線上の出来事であり、「やるかやられるか」という状況下では、細部まで目が行き届かないのもやむを得ない、となろう。それに土地改革は時期と地域によってその様相も大きく異なっていた。平穏に進められたところもあれば、最後まで残った広東のように激しい抵抗を受けたところもあった。先述の『中国土地改革体験記』の中で秋山良照は、工作隊の宿舎に深夜、銃弾が撃ち込まれるなど工作隊も命がけであった、と書いている。毛沢東の「革命不是請客吃飯」の言葉を引き合いに出すまでもなく、「革命とはそんなものだ」と言ってしまえばそれまでであるが、その代償は決して小さなものではなかった。知識人は居場所を失い、伝統文化は断絶を余儀なくされ、不条理な階級区分の弊害は文革後まで続いた。（省略）

土地改革に対する疑念は、著者が大学院生の時、遼寧省の農村調査を行い、『劉堡』を執筆した時まで遡る。その時の疑問が、本書の萌芽となっており、その意味では、本書は『劉堡』の都市版、知識人版ともいえる。前著が民族誌であるのに対して、本書は思想史研究ではあるが、情緒的になることを極力抑え、人類学者らしく詳細な事実を淡々と積み上げていくことによって、大きな問題を見事に描き出している。人類学者による思想史研究の試みというよりも、農村を熟知している人類学者だからこそ書けた、新しい思想史研究ともいえよう。視野の広さと柔軟な思考という点で、著者は本書の研究対象となっている民国期の知識人のよき伝統を引き継いでおり、中国知識人の良心と魂に触れる思いがする。

革命初期の共産党と知識人の問題が主題となってはいるが、本書には、今の中国がかかえる諸問題を解き明かす上で、根源的なものが凝集されているように思える。例えば、知識人の思想改造では、清華大学が一つの舞台となっているが、共産党の前に、国民党によって部分的ではあるが管理されていた。日本でも政治による大学や学問への介入はあったにしても、党が大学を直接管理するということは考えられないことで、単に共産党の問題というよりも、政治と学問との深い関係という点で、中国の社会システムの特徴なのではないか、と思わざるを得ない。この伝統は、大学内に存在する党組織として今日まで続いている。また、最後まで共産党政権に信用されることのなかった高級知識人の運命も、政治と学問の不可分の関係故に生じた「疎外」という点では、伝統的なシステムの枠内の出来事であったのかもしれない。但し、共産党政権下では、自ら集団から離脱することは許されなかった。この点が民国期までと大きく異なり、多くの悲劇の要因でもあった。それを避けるには、董時進の如く、中国を去るしかなかった。（省略）

著者は費孝通の晩年の弟子にあたる。自らの恩師を研究の対象とすることに、戸惑いがなかった訳ではない。ましてや一部の人しか知り得なかった、費孝通の当時の素早い順応と反右派闘争以降の苦難の人生、そして晩年の懺悔などを、公にすることになるからだ。費孝通の弟子たちから、なぜ今更になって、という意見が出るかもしれない。著者も弟子としての「義」について自問しているが、本来の「義」は師を飾り立てることではなく、師の真実の姿を後世に残し、そして師の未完の仕事を継承することにあるはずであり、費孝通も本書の刊行を受け入れ、喜んでいることと思う。

共産党によって否定され、一旦消された社会学・人類学であるが、今やその人類学者によって、しかも費孝通の最後の教え子によって、共産党が行った土地改革に歴史的な再検討がなされるというのは、何という歴史の巡り合わせであろうか。革命に身を投じた中国人と自ら思想改造に取り組んだ知識人、彼らに共通しているのは、中国を愛していたことだ。そして中国の未来に希望を持っていた。それが絶望に変わるのにそう時間はかからなかったとしても。同時に、本書の著者も日本にありながらも、祖国中国を限りなく愛しているということだ。本書の中国語版が大陸で出版されることは難しいであろうが、著者の祖国の愛は全ての中国人読者が読み取ることのできるものである。このような本を出版するには勇気が必要であるが、それを後押ししているのは、半世紀にわたる自らの「革命」体験で培われた揺るぎない信念と、この祖国への思いであろう。

著者の意図は、土地改革における共産党政権の失策を非難することにはない。あくまで人類学者として、さらに言えば中国の「文人」として、革命によって生じたさまざまな現実を客観的に認識し、誤りがあるならばそれを真摯に反省しようではないか、ということに尽きる。それは小さな一歩かもしれないが、やがて大きな潮流になっていくかもしれない。(『東方』四三三号、二〇一七年三月)

＊＊＊

「知識分子」の思想的転換　聶莉莉著　『日本経済新聞』

まえがきが印象的だ。

著者は一九八〇年代、中国の著名な社会学者である費孝通の授業を受けた。そのころ、著者も含めた学生たちは、費が「かつてどのような研究をしたか、何を著したかをあまり知らなかった」。ところが、大学の図書館でたまたま見出した四八年の著作を回覧し「一種の衝撃」を受けた。

それは「共産党のイデオロギー以外の視点」からの学術書に接した最初の経験だった、と著者は振り返る。このときの「衝撃」の延長線上生まれたのが、本書だ。

費をはじめ、中国共産党政権ができる前から活躍していた知識人たちが、思想や言論、学問の自由を認めない体制にどう向き合ったのか――。共産党政権の発足直後を軸に丹念に追跡した労作だ。

共産党の「思想改造」に対する彼らの反応は、様々だった。費の立場は積極的に同調し、共産党政権もポストなどで厚遇した。費の先輩というべき潘光旦の場合は、当初は消極的だったけれど、やがて政権に同調していった。切ないことに、費も潘も結局政治に翻弄され、実質的に研究の道を断たれた。

まえがきに示唆するように一九八〇年代から統制はいくらかは緩んだ。だが習近平政権は改めて統制を強めている。費や潘の経験が歴史になり切れない現実に、暗然とする。（『日本経済新聞』二〇一七年三月二七日）

＊＊＊

中共の革命と知識分子の思想改造を再び考える
評聶莉莉『知識分子的思想轉変 新中国初期的潘光旦、費孝通及其周圍』*

張放（上海外国語大学社会科学部准教授）

本書は、知識分子思想改造の問題に関する視野を広げ、研究を深めた。本書の中国語版が台湾の国立清華大学によって刊行されたことにより、華文の学界におけるこの問題に対する追究と検討に刺激を与えるだろう。

本文は、中国知識人の思想改造の問題に関する本書の学術的貢献に注目し、それと関連付けながら、過去の歴史的背景における知識人と中国共産党との関係を検討し、これからの後続研究に思索のテーマを提示することを主旨とする。

知識人の思想改造に関する研究領域において、世界規模ですでに夥しい成果が出されたが、広範囲の説得力や突破性のある研究成果は限られており、しかも、今までの研究において問題としては二つの傾向が見られる。

第一に、多くの研究は、知識分子の思想改造の問題を単純化し、情緒的に扱っている。大陸では、往々にして「知識分子は思想改造を行う必要がある」という前提から、葛藤や苦悩があったとしても、知識分子が新政権に順応し思想改造の重任をやり遂げたというふうに叙述している。一方、西側の中国研究では、毛沢東が創立した体制を圧倒的な統合性がある「怪物」とみなし、たやすく知識分子の肉体と霊魂を飲み込むことができるものとして叙述する。

第二に、知識分子の思想改造を論じる際、知識分子を全体として捉えて、家庭環境や、専門領域、学術訓練の背景、職業の環境、人間関係などによる個々人に与えた影響を無視し、そしてそれらの個々人の思想改造との関連性をも見落としている。

この二つの問題点に対して、本書は言及して批判した。

作者は、「本書は、できるだけ価値判断を避けて、むしろダイナミックな歴史的現場の状況に近づくことに力を入れ、様々な要素が複雑に絡みあっていた『事実』から、知識分子の集団的思想転換に至る文脈を探究したい。この作業は、その時代の政治的仕組みを把握することに帰結する」と明言した。

「ダイナミックな歴史的現場」に対する叙述は、何よりも史料に基づいている。史料の扱いに関して、作者は歴史学者遅塚忠躬の五つの作業工程、①問題設定、②史料選び、③史料批判・照合・解釈、④事実の間の関連性を把握、⑤歴史像を構築する、という方法論を参考にした。

作者は主として社会学や人類学の専門的訓練を受けてきたにもかかわらず、歴史学の史料処理の方法論を的確に把握し、しかも多種多様の史料を使用した。例えば、研究対象の年譜、伝記、文集、日記、回想録、自己批判の文章、当時の新聞、雑誌、政府関連の文献など。

作者の分析も立体的で、四つの次元において研究を展開した。第一に、研究対象となる個人に関する記述を整理し、この時期における各々の活動軌跡を追究する。第二に、マクロ的な政治環境とミクロ的な個人的原因から個々人の異なる選択を理解する。第三に、知識分子の思想的変化の軌跡を追跡し、思考や意見を公表する手段や自由度など環境の変化を考察する。第四に、知識分子を傾倒させた土地改革の思想と政策を中国農村の社会現実と照らし合わせて考察することである。

それにより、分析の視点は歴史的現場に近づき、思想改造運動における知識分子と国家のイデオロギーとのインタラクションを平面的ではなく、積極的呼応や、消極的逃避、巧みなごまかし、不承不承の受入れなど個々人の態度と行動をリアルに再現した。

本書は研究の焦点を社会学専門の知識人に当てたことが特徴である。外国に留学して帰国した後、列強に侵略されてきた祖国の現状の思索を、国家に対するのみではなく、社会に対しても展開し、社会調査を多く実施した、というような学問背景をもつ知識分子は、中国の社会が「転型」している時代に成長し、伝統的な文人の特質を継承しながらも、西側の自由主義の教育を受けた。また、書斎式の学者に比べて、中国社会の現実をより深く理解している。

新中国成立後の思想改造における共産党の言説も社会現実に基づいたものであるが、階級闘争論がベースである。作者の考察は、読者に二つの異なる言説がぶつかる際に、どのような葛藤や矛盾が生じるかを提示してくれた。

研究対象者の思想的輪郭をはっきりとさせるために、作者は、彼らが新中国の土地改革に参加したときの発言を、彼らが民国期に農村調査を行ったときの観点と比較した。このような比較の視点は、これまでの知識分子研究にほとんど見られなかったものである。つまり、知識分子個人を焦点に分析する際、その思想の一貫性や断絶の問題を考慮に入れてこなかった。

革命から誕生した新政権は終始知識分子を警戒してきており、それはたんに共産主義体制による問題だとは言えないかもしれないが、知識分子の思想改造に関する思考は、この体制の光の背後にある影を認識することに有益である。認識を深めるために、ソビエトなど共産主義陣営の国々における知識分子の境遇と比較することや、伝統的中国社会の底辺部に潜在する「反知性主義」を把握することが必要である。

知識分子の思想改造運動からすでに六〇年余り経った。本書を読む際、歴史的衝撃及び紙面から伝わってきた温かみを感じると同時に、不確定な未来に備えるために必要な心理的準備をしておくことが有益だと考えた。

＊原文は中国語、「再思中共革命与知識分子的思想改造　評聶莉莉《知識分子的思想轉変——新中国初期的潘光旦、費孝通及其周圍》」『ICCS 現代中国学ジャーナル』一二（二）、二〇一九年

謝辞——執筆を終えて

聶　莉莉

まず、編者の奈倉京子さん、美麗和子さん、特別寄稿してくださった西澤治彦さん、及び風響社の石井雅さんに、深く感謝の意を申し上げたい。諸氏の提案、支援がなければ、本書が成立することはなかったであろう。

奈倉さんも美麗さんも、それぞれの学業や研究領域において、倦《う》むことなく研鑽を重ね、着実に進歩と成果を収めてきた。寄稿文では私への感謝の言葉をいただいたが、これまでの成長は何よりも、本人たちの真摯で忍耐強い努力の賜物である。教員として何か心がけてきたことがあるとすれば、学生の姿をしっかりと見て適切なアドバイスをすること、そしてかつて伊藤先生が私にしてくださったように、各自が扱う研究材料に基づいてじっくりと議論し、共に考える時間を大切にすることであった。

西澤さんは、留学当初からの友人であり、文化人類学を学ぶ道における先輩でもある。西澤さんからは多くのご教示やご助力をいただいた。また、時折交わした真剣な議論や率直な意見交換を通じて、互いの考えが深まり、新たな認識が得られたこともしばしばあった。

拙著二冊に対する西澤さんの書評は、本の内容を丁寧に論評するだけにとどまらず、私の視点や提示した中国社会の「事実」を、文化人類学における中国研究の流れや近代以降の中国の歴史的文脈の中で論じてくださった。その解説は広範に展開され、深く掘り下げられたものであり、とりわけ文中に表れた中国社会や民衆、さらに中国人学者に対する深い共感には、心を打たれた。書評を通じて、他者からの評価によって自身の研究に新たな意味を見出せたこと、そして私の独自の模索が研究者仲間に理解されたことに、心から喜びを感じた。それは、研究の醍醐味を味わう瞬間でもあった。

本書は、私にとって風響社から出版する二冊目の著述であり、一冊目である『「知識分子」の思想的転換』は二〇一五年に刊行された。出版を打診した際、添付した第一章「問題の所在と研究対象者」をお読みになった石井さんは、本書の趣旨をすぐにご理解くださり、快く承諾してくださった。その際、「これほどの堅実な研究書なら、なぜ大手出版社に頼まないのか」という問いもいただいたことが印象に残っている。

その質問に対し、私は「風響社は人類学関連の書籍を多く出版しており、私自身も人類学者としてのアイデンティティをもっているからです」と答えた。この答えは私の偽らざる本心であるが、実際には、石井さんの出版者としての姿勢に以前から深い敬意を抱いてきたことが最終的な決め手となったのである。私の目に映る石井さんとは、自ら歴史や社会、学問を見渡し、貴重な歴史記録を収めつつ、時代に必要な思索を巡らした良質な書籍を世に送り出そうとする編集者の姿である。

費孝通先生は、「我看人看我」（「私は人がいかに私を見ているのかを見る」『費孝通全集』第九巻）というエッセイの中で、『費孝通伝』の作者であるアメリカの歴史学者デイヴィッド・アークッシュへの手紙の一文を引用している。

一個人として、自分の人生を全面的に回顧する機会は滅多にありませんでしたが、貴方は私にこのような機会を与えてくれました。感謝しております。見た目が格好良いとは程遠い者は、鏡を見るのを好まないかもしれませんが、時には鏡を見る必要があります。そうしなければ、他人が自分をどのように見ているのかを知ることができないからです。

費先生は、他人が書いた自分の伝記を「鏡」と譬え、その鏡に映るのは他人の目に映った自分自身の姿であると述べている。

この度、奈倉さんと美麗さんがつくってくださった「機会」により、私は伝記までいかないものの、自らの人生を回顧する文章を書いた。記憶を頼りに、自画像を描いていくような作業であった。記憶には、誤差や忘却が伴い、ときには思い込みや無意識的になおざりにしてきたこともある。そのため、描かれた像が正確とは言えないかもしれない。しかし、この作業を通じて私は自分の内面と向き合い、それぞれの時期に抱えていた問題、苦悩、憧れ、模索、そして決意を思い起こし、また、学者となって以降の思索を集めて吟味し、自身の姿をできるだけ客観的に見つめ直そうと努めた。

執筆を終えたいま、私は本書が読者に提示したのは、歴史の中に無数に存在する人間の一人としての私の足跡であると考えている。それは、革命以後の激動する中国現代史の波に翻弄されながらも、懸命に生き、学び、考え続け、時代に適応しつつも初心を大切にし、自らの原点から決して逸れることのなかった一学者の思索の記録である。

微力であっても、志を抱き続けたことを誇りに思っている。

著者紹介

聶莉莉（にえ　りり）
東京女子大学名誉教授
東京大学大学院総合文化研究科博士課程修了　博士（学術）
専攻は、文化人類学、中国および東アジア地域研究
主著書に、『「知識分子」の思想的転換：建国初期の潘光旦、費孝通とその周囲』（風響社、2015年、単著）、『中国民衆の戦争記憶：日本軍の細菌戦による傷跡』（明石書店、2006年、単著）、『大地は生きている：中国風水の思想と実践』（てらいんく、2000年、共編著）、『劉堡：中国東北地方の宗族とその変容』（東京大学出版会、1992年、単著）など。

編者紹介

奈倉京子（なぐら　きょうこ）
静岡県立大学国際関係学部教授
一橋大学大学院社会学研究科博士課程修了　博士（社会学）
専攻は、文化人類学、中国および中華圏の地域研究
主著書に『中国の知的障害者とその家族：「新しい社会性」のエスノグラフィー』（東方書店、2023年、単著）、『帰国華僑：華南移民の帰還体験と文化的適応』（風響社、2012年、単著）など。

美麗和子（びれい　かずこ）
東京女子大学研究員・非常勤講師
東京女子大学大学院人間科学研究科博士課程修了　博士（人間文化科学）
専攻は、文化人類学、中国地域研究およびエスニシティー研究
主要著作に、論文「建国初期の「中央民族訪問団」と中国共産党の少数民族政策」（『中国研究月報』第70巻第9号、2016年）、翻訳「貴州にいる兄弟民族：費孝通著「兄弟民族在貴州」翻訳(上)」「同（下）」（『東京女子大学紀要論集』2023-2024年）など。

勁草之志　二つの国に生きる　学者の人生と学問

2025 年 3 月 10 日　印刷
2025 年 3 月 20 日　発行

著　者　聶　莉莉
編　者　奈倉京子
　　　　美麗和子
発行者　石井　雅

発行所　株式会社　風響社
東京都北区田端 4-14-9（〒 114-0014）
Tel 03(3828)9249　振替 00110-0-553554
印刷　モリモト印刷

ISBN978- 4-89489-349-8 C1039